普天之下 · 盡是好書

普天出版社
Popular Press

王渡—編著

不要為了小事浪費自己的生命

別為小事折磨自己 全集

Don't Waste Your Life
to care minor matter

改變心態篇

伊索曾經在寓言中寫道：
「有頭腦的人如果夠聰明，往往會把折磨自己的小事，化為成就大事的動力。」
的確，一個有智慧人絕對不會為了小事而折磨自己，因為在他的人生字典中，
沒有一件小事可以左右自己的想法和看法。

出 版 序　　　　　　　　　　　　●王　渡

與其換環境，不如換心境

與其要求別人轉變態度，不如轉換自己的心態，終有一天，你會感謝那些曾經折磨過你的人。

　　絕大多數人的失敗，都是失敗在應該改變念頭和想法的時候，不懂得毅然下定決心，也不肯放低姿態。

　　殊不知，避免自己一再失敗最穩當的做法，就是改變那些一成不變的想法和念頭。

　　伊索曾經在寓言中寫道：「有頭腦的人如果夠聰明，往往會把折磨自己的小事，化為成就大事的動力。」

　　的確，一個有智慧人絕對不會為了小事而折磨自己。

　　使我們感到憤怒、懊惱、痛苦、悲傷的，往往是日常生活中種種芝麻細事，如果你不能妥善運用智慧，使自己成為生活的主人，你就會淪為生活的奴隸，這些小事就會日復一日地折磨你……

　　以前，日本一個很受歡迎的電視節目——「搶救貧窮大作戰」，從中，也許能表現出一個人的念頭對於最終的成敗，具有怎樣的影響力。

　　每一次的搶救案例，總不違背幾個公式：貧窮原因的分析、

為了擺脫貧窮所做的努力、最後的成功。

製作單位總是請來嚴苛的大師與名人，吹毛求疵地訓練，或是「虐待」那個極欲擺脫貧窮的可憐人。

以前，每次看到那些被罵到臭頭的人，我總會忍不住問：「難道他就不能對他好一點嗎？」

我的父親聽到我這麼說，往往會回答我：「別人憑什麼要把成功的技巧白白教給你？」

是啊，如果你自己沒有心，別人憑什麼要教你？

剛出社會的新鮮人，經常因為一點委屈、一點羞辱，便做出了「自尊比發展更重要」的決定，毅然決然地辭職。

許多人都認為：「不過是工作嘛，我為什麼要看人臉色？我為什麼要如此低聲下氣？」

你是不是常常這樣想，卻忘了，自己是一個什麼都不會的新鮮人？不管有多好的背景、多好的才能，到一個新的環境，就是有很多必須要學習的東西，就是有很多需要向別人請教的地方。

那些「老鳥」們憑什麼要教你？

他們也都是一路摸索過來的，或許比你吃過更多的苦，受過更多的氣。

如果他們願意和顏悅色地教你，算你好運！但若是他們有意不讓你好過，也不是他們的錯。畢竟，有求於他們的人是你。

只要懷著謙虛、用心的心情去討教，就不會再覺得自己受到多麼大的委屈。相反的，你會認為，看一點臉色就可以聽到別人多年的經驗談，實在太划算了！被罵個幾句就可以學到人家的成功技巧，真是一種幸福。

不要再埋怨資深同事喜歡擺架子、主管喜歡發神經、老闆沒人性了，只要對方有值得你學習的地方，就要記住這句話：「別

人憑什麼教你？」

　　人生要走向何方，通常由自己的想法決定。

　　想法一改變，人生也就跟著產生微妙的變化。

　　遭遇失敗挫折，甚至陷入絕望境界的時候，人往往會對未來感到悲觀和沮喪，覺得週遭盡是可惡的人和討厭的事。

　　但是，只要靜下心來檢討，就不難發覺問題其實出在自己身上。假如我們願意改變一下應對的態度，改變一下腦中的負面念頭，把眼前的際遇當成是希望來臨之前的曙光，那麼就可以輕鬆改變自己的未來。

　　心理勵志大師卡耐基曾說：「如果在自己非常想要做的事情未能成功，不要立刻接受失敗，試試別的方法，因為你的弓不會只有一根弦，只要你願意找到另外的弦。」

　　當你邁向成功的路上出現阻礙自己前進的「石頭」，有時候，不妨換個念頭，將那顆擋路的石頭變為能夠讓你看得更高更遠的「墊腳石」，通常就能讓自己達到想要成功「出頭」的目標。

　　與其要求別人轉變態度，不如轉換自己的心態，終有一天，你會感謝那些曾經折磨過你的人。

C ONTENTS

PART 3
改變心境，走出生命的困境

如果你擁有健康的身體，
那麼請你好好珍惜與愛護；
若你正為病痛所苦，就要勇敢面對考驗，
努力活出上天賜予的生命。

PART 4
多一點善舉，讓心靈富裕

如果人們努力的目標，除了自身利益之外，
還有一點「利他」因子存在，實行起來會更起勁。

CONTENTS

PART 5
多思考，讓生命更美好

越忙的時候，
越應該要給自己一段思考沉澱的時間。
這是個必要的動作，
不能等到有空再做，也不應該有機會才做。

PART 6
換個角度，就能找到出路

只要換一種角度，把阻礙視為「墊腳石」，
自然可以順利超越障礙。
越早收拾好情緒，就能越早開始動身往上爬。

PART 7
展現自己，才能推銷自己

當你很想要抓住一個機會時，
不要只是空口說白話，記得先問問自己，
是否能夠再多做一些什麼？

PART 8
想投機取巧，小心讓自己摔跤

靠著好運，或許有人可以憑空得到錢財，
但學問這東西卻絕對不可能平白送到人手中。
錢財易得，學問難得。

CONTENTS

PART 9
傻瓜總是選擇最笨的方法

再聰明的人也會一時糊塗，
一個人只要願意承認自己愚蠢，
便代表他有了自知之明，
不再像從前那般愚蠢。

PART 10
事情越小，越要用心做好

生活中的許多瑣事，做得再好也不會有獎賞，
但這些正是別人用來評價一個人的依據，
這些反應了一個人做事情的態度。

PART 11
不僅知道，還要做到

當你總是無法下定決心開始進行某一個工作時，
當你總是缺乏毅力貫徹時，
或許是因為你對這件事情的了解還不夠深入。

PART 12
充滿希望，才能達成願望

想要成功，絕對不是空想就能實現的，
靠著機巧只求不勞而獲，
得到的也只是短暫的，
甚至會付出更慘重的代價。

眼光放遠一點，
得到的會多一點

人若是一直為從前的挫折和瓶頸感到煩憂，

一直為過去的過失和錯誤感到懊悔，

那麼，他將會失去更多。

只要能達成目的，不聰明也沒關係

聰明人用聰明的方法開創他的人生，愚蠢人用愚蠢的方法，同樣也可以闖出一片天。

你覺得自己的資質駑鈍嗎？

你經常感嘆自己的聰明才智不如人嗎？

放心，傻人有傻福。再怎麼愚蠢的人，只要願意嘗試，也一定能夠走出一條屬於自己的道路。

只要你能順利解決問題，不聰明也沒什麼關係。

某天，一個蠢漢的妻子發高燒，要丈夫進城抓藥。

到了藥店門口，蠢漢問馬路上的一個孩子，該怎樣稱呼藥師。

這孩子生性淘氣，看見蠢漢呆頭呆腦的樣子，便故意捉弄他說：「你就稱他做庸醫嘛，怎麼連這個也不懂呢？」

蠢漢聽了信以為真，走進藥店之後，便很有禮貌地跟藥師打招呼說：「庸醫先生，您好！」

話才剛說完，蠢漢立刻挨了藥師一巴掌。

這個蠢漢被打了還不學乖，又繼續笑笑地對藥師說：「我想抓一些退燒藥，庸醫先生！」

「啪！」對方的回應又是一個耳光。

蠢漢摸著被打得發紅的臉,問道:「就是這些了嗎?」

「是啊!」藥師很不屑地說。

蠢漢於是急匆匆回到家裡,對妻子說:「藥抓回來了,妳快起來吧!」

豈知,妻子才剛坐到床沿,蠢漢就使盡吃奶的力氣,狠狠地摑了妻子兩巴掌,把她打得整個人跌在地上。

神奇的事情發生了,妻子經過這麼一嚇,出了一身汗,燒也就跟著退了。蠢漢在一旁高興地說:「這藥師真厲害,他開的退燒藥還真管用啊!」

雖說蠢漢的妻子白白挨了兩個巴掌,但若能夠因此把病治好,這也不失為一條有用的妙計。正如俗話所說:「管牠黑貓白貓,能抓老鼠的就是好貓!」只要能夠達到目的,使用的方法聰明與否又有什麼關係呢?

假設人生旅途中有一處人人都想要到達的目的地,那麼,天才用飛的,一下子就能到了;聰明人用跑的,也很快就到了;平庸的人只能用走的,自然要花多一點時間才能到達;至於愚蠢的人則用爬的,雖然以極慢的速度前進,但是只要努力不懈一步一步地往前爬,終有一天會抵達目標。

人生有多少成就其實和資質優劣沒有多大關係。

聰明人用聰明的方法開創他的人生,愚蠢人用愚蠢的方法,同樣也可以闖出一片天。關鍵只在於,是否為自己定個明確的目標,並且努力地前進。

沒有貪念，才不會被騙

一個人若是慾望過大，就很容易失去理智，輕則痛失良機，重則被捲入慾望的漩渦中，不知要等到何時才能重見天日。

有人說，在人性的國度裡，貪念就是受騙上當的代名詞。確實如此，心中沒有貪念，人就不會那麼輕易受騙。

雖說「老實人」經常被人和「笨蛋」畫上等號，但是，也唯有那些真正老實的人，才能夠拒絕天使的幫助，同時也不理會惡魔的召喚。

一天深夜，有個商人從車站僱了一輛馬車，上車之後，只對車夫只說聲：「到市區！」其餘什麼話也沒說。

馬車夫心裡暗想：「這個人真大方，連車費多少也不先問，待會到了市區，一定要狠狠敲他一筆！」

不久，馬車進入市區，坐車的商人突然驚叫起來，大聲喊道：「真倒楣，停車！快停車！」

馬車才剛停下來，商人就迫不及待地從車上跳下來，兩手翻了翻口袋，焦急地說：「完蛋了，我的火柴呢？車夫，請問你身上有火柴嗎？」

馬車夫好奇地問他要火柴做什麼，商人答道：「都怪我這個

人太大意，剛才把一枚拿破崙時代的古董金幣拿在手上把玩，結果竟然不小心將它掉到座位底下了！唉，那枚價值連城的金幣可是我的傳家之寶啊，你車上黑漆漆的，誰看得見呀！快，快把火柴借我吧……。」

馬車夫聽到這裡，還沒等他把話說完，就趕緊揚起鞭子，吆喝著馬兒向前狂奔，能跑多快就跑多快。

馬車夫走後，商人這才露出得意的笑容，轉身拐進一條陰暗的巷子裡，很快就消失得不見人影。

法國文豪巴爾札克在在《三十歲的女人》一書中寫道：「大凡失足犯錯，都是因為錯誤的推理和過度貪欲造成的。」

確實如此，認為自己擁有絕佳的運氣，失去理性的錯誤判斷，任由慾望過度膨脹，最容易使人迷失。

「道高一尺，魔高一丈」，騙人者人恆騙之。在許多詐騙案例中，會受騙的人通常都是一些貪念很重的人，清心寡慾的人很少掉入有心人的圈套。

一個人若是慾望過大，就很容易失去理智，輕則痛失良機，重則被捲入慾望的漩渦中，不知要等到何時才能重見天日。

人固然要有夢想，但是不需要有過多慾念；成功固然需要野心，但是一定要切忌貪心。人生的目標不應是大放異彩、一步登天，而是每一天都可以活得光明磊落、無怨無悔。

選擇說謊，等於陷入危機

善意的謊言未必導致善良的後果。無論說謊的出發點是什麼，謊言被揭穿的那一刻都會是一樣醜陋。

只要是人，都一定有過說謊的經驗。

有些人說謊是存心欺騙別人以求取利益，有些人說謊則是為了替自己避免麻煩，也難怪高爾基會說：「說出真理和實情，這是一切藝術中最困難的一門。」

生活中難以解決的問題實在太多，如果說謊可以解決問題的話，誰能夠堅持不走這條捷徑呢？

只不過，說謊通常是在製造問題，而不是解決問題，而且還會讓問題不斷折磨自己。

一對父子乘火車出遊，由於一路上孩子老是不理會父親的叮嚀，經常把頭探出窗外東張西望，父親為了保護他的安全，便偷偷把兒子頭上的帽子摘下來藏好，然後對兒子說：「叫你不要把頭探出窗外，你偏偏不聽！你看，風把你的帽子吹走啦！」

兒子伸手往頭上一摸，頭上的帽子果然不見了，不禁焦急得哭了起來。

父親見兒子哭得上氣不接下氣，實在萬分心疼，便哄他說：

「別哭了，快把眼睛閉上吧！你把眼睛閉上，帽子就會飛回來！」

　　兒子聽從父親的話，真的把眼睛閉了起來。父親見狀，立刻把帽子戴回兒子頭上說：「瞧，帽子飛回來啦！」

　　孩子破涕為笑，覺得非常有趣，便也伸手摘下父親頭上的帽子，把它扔出窗外，然後對父親說：「爸爸，這回輪到您閉上眼睛啦！」

　　任何一句無傷大雅的謊話，都有可能會導致難以彌補的後果。

　　美國心理學家費德曼曾經做過一項研究，發現百分之六十的人在十分鐘的談話之中，一定至少撒一次謊，平均至少講二至三句謊言。

　　這是一個很驚人的發現，說明現代人也許都已經說謊說到了不自覺的地步，甚至還可以心安理得地解釋，自己說的只不過是「善意的謊言」。

　　然而，善意的謊言未必導致善良的後果。無論說謊的出發點是什麼，謊言被揭穿的那一刻都會是一樣醜陋。說謊或許可以幫助我們解決眼下的問題，但是卻會在未來埋藏了更大的危機。

　　因此，不管在任何情況之下，我們都應該記住：「你可以選擇說謊，但是更應選擇誠實以對。」

眼光放遠一點，得到的會多一點

 人若是一直為從前的挫折和瓶頸感到煩憂，一直為過去的過失和錯誤感到懊悔，那麼，他將會失去更多。

作家肯尼斯曾經提醒我們：「如果你能從不同的角度多想想，你就不難找到妥善處理問題的方法。」

人生最重要的智慧，就是在失意的時候，懂得向前看。因為，過去的事情無法改變，只能把心思放在未來，才能有機會填補過去的遺憾。

有個窮小子娶了一個愚蠢的妻子。

由於家裡實在很窮，妻子只有一條裙子，還穿了很多年，又破又舊。她每天最常做的家事，就是補裙子，整件裙子到處綴著補丁，至於原來的裙子長成什麼樣子，是什麼顏色，早就已經看不出來了。

一天，窮小子收工回家，看見妻子坐在床上哭泣，便問她在哭些什麼。

妻子指著裙子哀怨地說：「你看，我的裙子又破了幾個洞啦，家裡再也沒有東西可以用來補裙子了，你叫我以後怎麼穿裙子出去見人啊！」

　　窮小子聽了，便偷偷將這個禮拜賺來的全部工資，拿去買了一條新裙子回家。他告訴妻子說：「我寧願餓肚子，也要幫妳買新裙子。親愛的，別再為裙子煩惱了，開心一點吧！」

　　妻子喜出望外地接過新裙子，露出十分滿足的表情。

　　這天晚上，兩個人都沒有錢吃晚飯，早早就睡了。夜裡，窮小子醒來，驚訝地看見妻子就著桌上的燭光，把新裙子一塊一塊剪碎，用來縫補舊裙子上的破洞，令他氣得從床上跳了起來。

　　孰料，他的妻子卻轉過頭，笑著對他說：「你看，我把所有破洞都補好了，還剩下好幾塊碎布呢，往後一年我都不用再擔心裙子破掉了呢！」

　　如果總是把眼光放在自己失去的東西上，而不是得到的，那麼就會像故事裡的這個蠢妻子一樣，做了傻事猶不自知。

　　人若是一直為從前的挫折和瓶頸感到煩憂，一直為過去的過失和錯誤感到懊悔，那麼，他將會失去更多。

　　過去的已經過去了，應該記住教訓而不是妄想追回過去。當你的裙子破掉而不得不買新裙子時，最重要的事，應該是好好珍惜這件新裙子，而不是執意要修補那條破裙子。

　　記住，眼光放遠一點，得到的也會多一點。如果眼裡看到的只有一件破裙子，那麼你最終擁有的也就只有那條破裙子。

與其強留青春，不如保持年輕心境

人的年紀大了，就應該接受自己年紀大的事實。與其想盡辦法留住青春，不如追求足以和自己年齡匹敵的智慧。

　　無論是男人或女人，想要青春永駐都是個不可能的任務。那麼，我們為什麼又要花那麼多心思追求這個不可能達到的目標呢？

　　人生不是只有「年輕」這一個階段而已。我們應該用年輕的心境，好好享受人生中每一個階段，而不是異想天開地期望自己能夠在往後的人生階段中都保持外貌的年輕。

　　就算想要讓自己變得年輕貌美，也要懂得用腦袋思索，才不會受到表面現象誘惑而倉促做下錯誤決定。

　　有個老頭子到森林裡砍柴，一去就是大半天。

　　他的妻子在家裡等得正焦急時，突然，有一個年輕人背著一籃筐的柴薪來到她家。老太婆仔細一看，發現這個年輕人長得和自己丈夫三十多年前的樣子一模一樣，不禁驚奇地問他是誰。

　　年輕人告訴老太婆，他是她的丈夫。他說他在森林裡砍柴時，無意中走入一條羊腸小徑，來到一處世外桃源。

　　當時，他覺得非常口渴，正好山壁上流淌著潺潺小溪，他便上前啜飲了幾口泉水，沒想到這麼一喝，他竟然馬上年輕了好幾

十歲。這件事雖然聽起來很不可思議，但是事實擺在眼前，不得不信啊！老太婆聽了，興奮莫名，直嚷道：「我也要去找這神奇的泉水喝喝，讓我們一起變年輕吧！」

第二天一早，夫妻倆一起到森林裡，年輕人找到那處山泉，對老太婆說：「就在那兒了，你自己喝吧，我到附近砍柴，待會兒再過來找妳！」說完，年輕人就轉身往樹多的地方走去。

想不到他還沒有走遠，就聽到背後傳來嬰兒的哭聲。年輕人回頭一看，驚慌得不知所措。原來是老太婆太貪心，一口氣喝了太多泉水，因此變成一個剛出生的小嬰兒。年輕人別無他法，只好將錯就錯，把自己的老婆抱回家當女兒養。

問題通常不是出在問題本身，而是出在製造問題的人身上。

當你想要填補遺憾之前，千萬別忘記先靜下心來研究自己感到遺憾的癥結所在，否則就會因為急功近利而製造出另一個遺憾。

每一個人都希望自己永遠年輕貌美，卻不知道歲月不饒人，再怎麼保養得當的女人，也終究無法跳離年老色衰的命運。層出不窮的醫療糾紛提醒我們，一味地追求外貌的年輕，有時只會自討苦吃。

人的年紀大了，就應該接受自己年紀大的事實。與其想盡辦法留住青春，不如追求足以和自己年齡匹敵的智慧。

皺紋、粗糙的皮膚、鬆弛的肌肉……都只是表象。一個女人的美不在於她看起來有多麼年輕，而在於她靈魂散發出來的光芒是否耀眼。

所以，女人可以不漂亮，但是不可以沒有內涵。因為漂亮的外貌會隨著歲月遞減，每個女人最終所擁有的，唯有內涵而已。

小聰明無法發揮大效用

 自作聰明只會製造問題，要讓自己活得好、活得快樂，需要的不是高明的智商，而是踏實的智慧。

蘇東坡曾經感嘆地說：「人皆養子望聰明，我被聰明誤一生；為願孩兒愚且魯，無災無難到公卿。」

有這種感慨的人其實很多，在在說明聰明未必有用，與其賣弄小聰明，笨一點其實也沒什麼不好。

一天晚上，有位客人到鄉下一間小客棧投宿。客棧的老闆娘看見這名客人隨身帶的行李不少，看起來價值不菲，一時起了貪念，覷覦財物之餘便偷偷和丈夫商量說：「有什麼辦法可以把這個客人的行李佔為己有啊？」

丈夫回答：「這還不容易嗎？只要讓他喝下醉心草的汁液，他就會失去記性，到時候肯定會忘記帶走行李！」

老闆娘聽了，連忙把醉心草的汁液摻進酒裡，再送給客人喝。

果然，客人喝酒後，立刻昏睡得像頭死豬一樣，老闆和老闆娘在門外暗自高興，等著他們的發財夢成真。

第二天早上，老闆娘起床以後，看見這名客人已經離開了，便對丈夫生氣地吼道：「你這個笨蛋，出的什麼爛主意！那個客

人已經將所有行李都帶走了，你那些醉心草有個屁用啊！」

「不可能！」老闆斬釘截鐵地說：「他既然喝下醉心草的汁液，就不可能全身而退，總有一些東西會忘掉的！」

老闆娘仔細地想了想，突然失聲叫道：「啊，他真的有東西忘記啦！」

「瞧，我說得不錯吧！他忘了什麼呢？」老闆得意地說。

老板娘這才哭喪著一張臉，搥胸頓足地說：「他……他……他忘了付酒飯錢和住宿費呀！」

俗話說：「大智濟世，小智亡身。」

這個世界上擁有小聰明的人很多，但是小聰明不等於真聰明。有小聰明的人時常自覺聰明，因此一點虧也吃不得，他們事事想佔人便宜，隨時賣弄自己的聰明，到頭來才發現，自己原來一直都是在自作聰明。

這樣的人即使可以聰明一時，也無法聰明一世，聰明其實並不能保障生活快樂，只會製造層出不窮的問題。

因為，想要讓自己活得好、活得快樂，需要的不是高明的智商，而是踏實的智慧。願意捨棄高風險、高報酬的捷徑，一步一腳印地走自己的路，不自恃聰明，這才是真正的聰明！

懂得反省，壞人就能變好人

每個人或多或少都會做一些壞事，做了壞事已經不對，若不肯承認自己的錯誤，更是錯上加錯。

「反省」是一種很可貴的能力。懂得反省自己，才有機會成為一個更好的人。不懂反省自己的人，只能終其一生，像個陀螺似的在原地打轉，一圈又一圈地重複著自己的錯誤。

這樣的人通常會為了解決舊問題而製造新問題，不斷用一些小事折磨自己。

有個人第一次當小偷，偷了一隻鵝。事後，他又怕死後會下地獄，於是趕緊跑到教堂找牧師告解。

牧師見了小偷，問道：「我的孩子，你找我有事嗎？」

小偷立刻跪下說：「牧師，我偷了一隻鵝，現在不知該怎麼做才好？」

牧師搖搖頭，告誡他說：「上帝絕不容許人們偷竊，你犯下大錯啦！」

「那如果我把鵝交給您，我能不能免除罪過呢？」

「不，」牧師正氣凜然地回答說：「我不會收下這隻鵝的，你應該把牠交還給牠的主人才是！」

　　小偷回答：「我原本也是想把牠物歸原主的，誰知道他卻不肯收下，您叫我該怎麼辦呢？」

　　牧師想了想，說道：「如果真是那樣，你就不妨把牠當成上帝送給你的禮物，宰了牠吃掉吧！」

　　「喔，那太好了！」小偷這才總算鬆了一口氣，露出笑臉說：「我慈善的牧師，願上帝保佑您！」

　　一直到晚上，牧師回到家中之時，才發現家裡有一隻鵝被人偷走了。

　　這個小偷的行為非常可笑。他昧著良心偷了人家的鵝，等到壞事做盡以後才又感到良心不安，因此想了個法子把自己的行為「去污名化」，用計謀讓鵝的主人把鵝奉送給他，然後才恬不知恥、心安理得、大搖大擺地離開。

　　每個人或多或少都會做一些壞事，做了壞事已經不對，若不肯承認自己的錯誤，更是錯上加錯。

　　想要用問題解決問題，只會讓問題惡化，變得越來越難解。

　　當一個壞人沒有意識到自己是個壞人的時候，他其實已經病入膏肓、無藥可救。更糟糕的是，當他走到這一步時，便已經註定永遠不能做回一個好人。

面對挫折，才有力量重生

緊要關頭時的當頭棒喝，或是突如其來的重大轉折，才讓人有機會磨礪自己的能力，增強自身實力。

有句話說：「環境何曾困志士，艱難到底助英雄。」

挫折、壓力是使人成熟的必需品。正是因爲老天爺安排這些絆腳石擋在你前方，所以你才因此有了搬開石頭的力量。

在人生過程中，人往往必須遭遇難題，才會徹底認清自己。

有個農夫的兒子一直住在城市，好幾年沒有回家。

一年，農夫的兒子總算趁著假期回家探親。重遊故居，從前的記憶已然模糊，農夫的兒子對家裡的一切都感到很陌生，只剩下一些朦朦朧朧卻又說不出個所以然的印象。

這天，他指著院子角落中一件過去經常使用的農具，問父親：「這是什麼啊？」

父親很不高興，因爲那件東西可是他們家族世世代代都賴以維生的務農工具，兒子竟然連那樣東西也不認得，這不是忘本嗎？

只見父親鐵青著臉對兒子說：「你是怎麼搞的？竟然連這個也不認識了？趕快好好想一想吧！」

此時，鄰居家的孩子成群結隊地跑過來玩耍，不小心踩著了

那件農具的鐵齒，使得農具的木把翹了起來，「啪」地一聲，不偏不倚打中農夫兒子的鼻子，令他當場血流如注。

農夫的兒子非常生氣，狠狠地踹了那農具一腳，罵道：「這耙子真該死！」

他的父親卻在一旁冷笑著說：「哼，你總算記起來啦！」

人總是隨著環境的改變而改變，到最後連自己是誰都忘了，就像故事中農夫的兒子，在城裡住了幾年就以為自己是「貴人多忘事」的都市人。

疼痛、打擊、挫折，其實都是在激發人們的潛能，讓人發掘出不一樣的自己，讓人做到本來做不到的事。

每個人都嚮往安逸的生活，但是安逸的日子其實對人沒有什麼好處，反倒是緊要關頭時的當頭棒喝，或是突如其來的重大轉折，才讓人有機會磨礪自己的能力，增強自身實力。

因此，不要抗拒人生旅途上的種種磨難。路的盡頭不是盡頭，只是提醒你：「是該轉彎的時候了。」

神的指示不一定靠得住

 每個人的心中其實都有一個山神，它未必可以為人提供最明確的答案，卻可以讓人聽見自己內心最真實的聲音。

東方人喜歡求神問卜，尤其心情不好、諸事不順、爭執無法化解的時候，更喜歡求神指點迷津。

神的指示並不一定靠得住，一味求神問卜固然不智，但若能夠因此順利解決問題，誰能說它不好呢？

一對鄉下夫婦被人邀請進城參加婚禮。

由於他們住得非常偏遠，往返城裡要花上整整一天的時間。偏偏家裡又有不少工作等著他們完成，所以他們只能讓其中一個人進城。

夫妻倆一年到頭辛苦工作，難得有機會可以進城遊玩一下，自然誰也不願意留在家裡，結果，為了進城，兩個人便你一言、我一語地吵了起來，可是吵來吵去還是沒有個結果。

最後，妻子想出一個好主意，便對丈夫說：「我們去問問山神，看看究竟誰應該參加婚禮吧！」

丈夫也覺得這是個好方法，便和妻子來到山中。

丈夫首先對著山谷大聲喊道：「我應該參加婚禮，還是留在

家裡？」

山神立即回答：「留在家裡！」

接著，妻子對著山谷大喊：「我應該留在家裡，還是參加婚禮？」

山神又馬上回答：「參加婚禮！」

丈夫沒有辦法，只好依照山神的指示，把這個進城的機會讓給妻子。妻子得意洋洋地對丈夫說：「這麼一個大好機會，本來就應該屬於比較聰明的那個人！」

所謂的「山神」，其實就是山谷的回音而已。

一個很簡單的自然現象，只要套上怪力亂神的包裝，就成了不可違背的指示，不容懷疑的真理。這種情形聽起來似乎很可笑，但是類似事件卻時常發生在我們生活周遭。

不管是踩到狗屎，還是眼皮亂跳；不管是閃電打雷，還是打碎玻璃，似乎只要把每一件事都當作神明的指示，做決定時就有更加明確的方向。

求神問卜對愚人而言，很容易被牽著鼻子走，但對聰明人來說，卻是積極的心理暗示，可以成功地化解心頭的疑慮。每個人的心中其實都有一個山神，它未必可以為人提供最明確的答案，卻可以讓人聽見自己內心最真實的聲音。

別做教狗識字的蠢事

PART ②

想改變一個人，不妨從他身邊的人下手。

人與人之間的影響力極其有限，

但是環境對一個人的影響卻很大。

坦然認錯，才不會備受折磨

> 一個人做錯事時，最大的懲罰其實不是東窗事
> 發，而是他必須長時間和自己的良心對抗。

最圓滿的人生，應該是無所求的人生。

因為，當一個人無所求時，得到的最大回報便是坦然自在，不必為了粉飾自己的行為而一再辯解，或是為了圓謊而一再撒謊。

有個小偷溜進一間屋子裡，正準備動手行竊之時，冷不防聽見主人大叫：「捉賊呀，捉賊呀！」

小偷嚇得魂飛魄散，連忙跳窗戶逃走。想不到那戶人家的主人卻率領著家人和鄰居在後面窮追不捨，誓言要捉到小偷。

小偷氣喘吁吁地沿著小路跑到一座橋邊，眼看後面追捕他的人一步一步地逼近，自己卻越跑越沒有力氣，只好孤注一擲，猛然跳進河裡，然後抱住水面上的橋樁躲了起來。

小偷躲在暗處才一眨眼的工夫，該戶主人就已經追到橋上了。他們發現前方沒有小偷的蹤影，便焦急地往橋下張望。

突然間，主人看見橋樁上有個模糊的黑影，便問旁邊的人說：「大家仔細瞧瞧，橋樁上貼著的那個影子，到底是垃圾，還是小偷呢？」

底下的小偷聽了這話，心裡又著急又害怕，於是趕緊搶先回答道：「我是垃圾，我是垃圾！」

有個頑皮的小學生翹課到網咖打電動，突然，一位中年婦女殺氣騰騰地出現在網咖門口，氣憤地大喊：「小明，你這兔崽子又給我翹課來這裡打電動，告訴你，你死定了！」

只見小學生立刻背起書包，以最快的速度逃離現場。一連跑了好幾十公尺後才停下腳步，疑惑地問自己：「我幹嘛跑呢？我又不是小明。」

由此可見，心虛是生命中不可承受之重。一個人做錯事時，最大的懲罰其實不是東窗事發，而是他必須長時間和自己的良心對抗。那種等待炸彈爆開的心理折磨，其實比死還要難受。

唯一可以解除這種危機的方法，就是誠實，而不是為了遮掩錯誤，而一再撒謊。無論是在犯錯之前誠實地選擇不要犯錯，或是在做錯事之後坦然接受後果，都能使人免於良心的煎熬。

爭辯只不過是浪費時間

爭辯只是為了要讓真理越辯越明而已，在一場辯論當中，沒有人會是贏家。因為爭來的勝利不是勝利，公理自在人心。

不要強迫對方接納自己的觀點，爭辯只是浪費口水、浪費時間。這是每個人對他人應有的寬容，也是做人應有的警覺。

假使對方真的有察納雅言的寬闊心胸，那麼你說一次他自然就聽得懂，不必口沫橫飛說得面紅耳赤。

有個獵人在山裡打獵，突然遇見一隻野豬朝自己走來，慌忙中，獵人舉槍就打，竟忘了槍裡頭沒有裝子彈。

神奇的是，這頭野豬雖然沒有中彈，卻被那響亮的槍聲嚇壞了，頓時兩眼一翻，昏倒在地上。

此時，恰巧有個野豬販子路過此地，獵人為了替自己省卻扛野豬下山的功夫，趕緊把野豬販子叫住，要他買下這頭野豬。

野豬販子仔細瞧了瞧商品，發現這頭野豬身上沒有傷口，地上也沒有血跡，看起來大有問題，便對獵人說：「這頭野豬不知道是怎麼死的，也不知道是什麼時候死的，恐怕已經不新鮮啦！」

「怎麼會呢？」獵人辯解道：「野豬是我剛剛才打死的，怎會不新鮮？」

只是，任憑獵人好說歹說，野豬販子仍然不相信，堅決不肯收貨。就在兩人激烈爭辯之際，野豬突然醒過來，一翻身就直往林子裡頭衝，才一眨眼的工夫，就消失得無影無蹤。

獵人見了，非常得意地對野豬販子說：「瞧，我說得沒錯吧，你看這頭野豬，說有多新鮮就有多新鮮呀！」

爭辯就像這個故事，就算爭到最後，獵人終於證明自己的說法正確，卻落得一無所得。

為了要說服別人贊同自己的觀點，有時會無可避免地與人發生一些爭辯。適度的爭辯或許可以讓事情變得更加明朗，但是要記得遵守爭辯內容要有意義、爭辯時要有器量、爭辯態度要有分寸這三大原則。

如果你說的話真有道理，那麼在抒發己見之後，就留給時間評判吧。

爭辯只是為了要讓真理越辯越明而已，在一場辯論當中，沒有人會是贏家。因為爭來的勝利不是勝利，公理自在人心。

別做教狗識字的蠢事

想改變一個人，不妨從他身邊的人下手。人與
人之間的影響力極其有限，但是環境對一個人
的影響卻很大。

想要改變一個人的內在，就要先改變他身處的外在環境。

正如同一個人想要讓自己變得更好，就要多親近那些比自己
更優秀的人。這樣才是事半功倍的有效辦法，但偏偏有些腦筋不
會轉彎的人，總是想出「教狗讀書識字」的餿主意。

一天，志明帶著他的愛犬到公園裡玩耍，正好春嬌也牽著她
的貴賓狗來散步。兩人的狗一見面就不肯分開，兩隻狗的主人也
只好坐在一塊兒聊天。

當兩人聊得正愉快時，突然，春嬌發現兩隻狗都不見了。兩
人找遍整座公園，但怎麼也看不見兩隻愛犬的蹤影，失望之餘，
他們只好各自回家，再想想有沒有別的方法。

三天以後，志明打電話給春嬌，問她：「妳的狗找到了嗎？」

春嬌回答：「我找到了！那天我回去以後，立刻在報紙上登
一則『尋狗啟事』，第二天狗就回家了。你也可以試著在報紙上
登廣告，挺有用的！」

豈知，志明聽了，沉重地嘆了一口氣，懊悔地說：「我家的

狗跟妳家的狗不同，我沒有教過牠讀書識字，牠連一個大字都認不得呢！」

要狗自己認字回家當然不可能，但若想辦法讓看見這條狗的人帶牠回家，事情不就容易多了嗎？

這個笑話告訴我們，想改變一個人，與其費神地諄諄教誨，不妨從他身邊的人下手。人與人之間的影響力極其有限，但是環境對一個人的影響卻很大，所謂「近朱者赤，近墨者黑」就是這個道理。

解決問題的方法很多，最愚蠢的模式無疑就是挑一個困難的方法去解決簡單的問題。既然沒有辦法讓一條狗認字，那麼，就應該想辦法讓這條狗的周圍都圍繞著識字的人。

如此一來，這條狗究竟識不識字，其實已經不是那麼重要了，千萬別做出教狗讀書認字的蠢事。

用心體會，才不會變成傀儡

參考別人的經驗或許能讓自己避免犯相同的錯誤，但唯有保留自己的判斷，才能使人走出屬於自己的路。

　　前美國總統柯林頓曾說：「我從來不認為不同意我的看法就是冒犯。」

　　沒錯，每個人都可以有自己的看法，每個人也都可以質疑別人的看法。只要可以承擔得起後果，那就儘管去挑戰那些所謂的真理吧！

　　所有偉大的發明，都是這樣產生的，不是嗎？

　　日本有個鄉下人到京都做買賣，出門前，他的鄰居提醒他說：「京都是個大城市，和我們鄉下不同，你記著，到了京都千萬要事事小心，不管買什麼東西，都要記得殺價一半呀！」

　　鄉下人到京都以後，發現鄰居說得一點兒也沒錯。這裡什麼東西都漫天要價，簡直找不到一間誠實的店家。

　　於是，鄉下人告誡自己：「這地方實在太可怕了，我得多提防一些，不管別人說什麼，都只能信一半！」

　　沒多久，鄉下人遇到一個友善的京都人告訴他：「我的名字叫六兵衛。」

鄉下人心裡想：「他肯定叫『三兵衛』！」

他問對方家裡有幾間房子，京都人回答：「五間。」

鄉下人心裡又想：「肯定只有兩間半！」

接著，他又問對方家裡有幾口人，他回答：「只有我單身一個人。」

「這就奇怪了！照他這麼說，這個京都人家裡肯定只有半個人，但是，世界上怎麼可能有『半個人』這種事呢？」

鄉下人越想越覺得頭大，益發肯定京都人講的話，真是一點兒也信不得！

不經一事，不長一智。有些事情，非得要自己經歷過才能明瞭，一味聽信別人的講法，只會讓事情變得複雜。

別人的忠告固然有參考價值，但未必就一定是不容質疑的真理。如果別人說什麼就相信什麼，別人講什麼就聽從什麼，那麼你就只是別人的傀儡，人生還有什麼意義呢？

記住，要活出自己的人生！沒有一個人的感覺比自己的體會更真實。

參考別人的經驗或許能讓自己避免犯相同的錯誤，但是，唯有保留自己的判斷，才能使人走出屬於自己的路，並活出與眾不同的人生。

瞭解心中珍視的東西

鑰匙只是一種讓人得到幸福的「管道」之一而已，真正可以帶給人幸福的，其實是箱子裡頭裝著的東西。

每個人的價值觀都不盡相同，有的人認為錢財重要，有的人認為名聲重要，這些認知都沒有錯，會出錯的是追求的過程。

只要你心目中認為重要的東西，真的能夠帶給你幸福，那就用正確的方法去追求、保有。

至於那個東西是什麼，其實不重要。

五個商人結伴出門，一塊兒投宿在一家旅館裡。

每天睡覺以前，大夥兒都把自己的錢各自用布袋包好，然後放進屋子角落的一個大箱子，並且把箱子鎖上。

一天早上，第一個醒來的同伴吃驚地大叫：「糟了，那個裝錢的箱子不見了，我們的錢全部被偷走啦！」

大家找遍了整家旅館，皆一無所獲，於是當中便有人提議要報警。

此時，其中一名同伴像是想起了什麼似的，從口袋裡掏出一把鑰匙，得意洋洋地對眾人說：「大家放心好了，你們看，箱子的鑰匙還在這裡呢！可見我們的錢還鎖在箱子裡，絕對不會不見，

各位又何必報警呢？」

　　箱子不見了，空留箱子的鑰匙又有何用？

　　在追求成功的過程中，許多人都曾經犯過相同的錯誤，以為只要自己手上握著「成功」這把鑰匙，其餘的東西就算被偷走了都還可以再追回，就算現在失去了也無所謂。

　　然而，鑰匙只是一種讓人得到幸福的「管道」之一而已，真正可以帶給人幸福的，其實是箱子裡頭裝著的東西啊！

　　鑰匙不見了，可以再打造一把新的，或是用其他方法開啟；但是箱子不見了，不是那麼輕易就可以尋回。

　　在奮鬥的路途中，每個人或許都曾經不小心遺失過自己的箱子。遺失箱子沒有關係，但若不知道自己遺失的東西有多麼重要，那和故事中那個握著一把無用的鑰匙，自鳴得意的傻瓜又有什麼不同呢？

苛求完美，就會拖泥帶水

能夠顧全大局固然很好，若是不小心顧此失彼也不要灰心，至少也已經儘量實現了不完美之中的完美。

問題是人製造出來的，辦法也是人想出來的。

只要能夠解決問題，再愚蠢的辦法都是好辦法；若是不能解決問題，那麼再聰明的辦法也是徒然。

瞭解什麼才是最重要的之後，其餘的事情相對而言，就不是那麼重要了。

有個商人乘船渡海，不小心把一袋沉重的金幣掉到海裡。

他趕緊叫船長把船停下，請他設法將那袋金幣撈上來。

船長一時之間也不知該如何是好，便把這件事告知船上所有乘客，希望可以集思廣益，大家一同想出一個既安全又有效的好辦法。

船上有一個乘客是專賣魚缸的小販，他對商人說：「我這裡有個可以裝得下人的玻璃魚缸，你只要進到魚缸裡，把缸口封住，就可以平安地到海底，不用怕被水溺死。」

眾人一致覺得這是個好主意，於是商人爬進大魚缸裡，把缸口封到滴水不漏的程度，然後大家用一根長長的纜繩綁住魚缸，

同心協力地將魚缸慢慢放下。

過了一會兒，大家再合力把魚缸拉上來，迫不及待地問商人：「怎麼樣？你到達海底了嗎？」

商人點點頭說：「是的，已經到海底了。」

「那怎麼樣？有看到那一袋金幣嗎？」

商人回答：「看到了，看到了！」

船上的人聽了，不約而同地拍手歡呼。

沒想到商人卻愁眉苦臉地接著說：「看是看到了，但我無法伸手去拿呀！」

想進到海底卻不弄濕身體，這有可能嗎？

很多人在做事的時候，總是想做到兩全其美、面面俱到，但是在刻意追求完美的過程中，卻很容易弄巧成拙，導致這個也怕、那個也怕，瞻前顧後的結果是拖泥帶水又缺乏效率。

如果每件事情都要做到百分百完美才肯放手，可能必須花數倍的時間在不完美當中摸索。

因此，要做一件事情之前，應該先問問自己：「為什麼要做這件事？做這件事最重要的目的是什麼？」

能夠顧全大局固然很好，若是不小心顧此失彼也不要灰心，至少也已經儘量實現了不完美之中的完美。

成功就是細節的累積

注重細節代表一個人心思縝密、專注認真的做事態度，也是一個人通往成功旅途中留下的一步步腳印。

　　細節決定成敗，只要小地方不出錯，成功自然水到渠成；一旦小地方有偏差，再宏偉的高樓也很難不倒塌。

　　每一個人的成功，都是無數細節的累積。換句話說，只要把每個錯誤的小細節抓出來，便可以輕而易舉地達到完美。

　　有個歷史老師上課時非常喜歡以古喻今。

　　有一天，他告訴學生：「遠古時候，羅馬有一條很寬的河流。古羅馬人為了讓自己成為一名好戰士，經常在那條河中游泳，鍛鍊身體。其中，有一個人夙夜匪懈，不管是冬天還是夏天，每天早上都脫下衣服，將身體泡到冰冷的河水裡，堅持橫渡這條河三次之後，才回家吃早餐……。」

　　台下的一個女學生聽到這裡，忽然哈哈大笑。

　　老師見狀非常生氣，責問道：「妳不認真聽我講話，自個兒在笑什麼？」

　　女學生回答：「老師，我就是太認真聽你講話，所以才覺得那個愚蠢的古羅馬人很可笑啊！」

老師更生氣了，指著女學生的鼻子罵道：「真不知道你們這些年輕人，腦袋裡裝的是什麼？那個古羅馬人每天持之以恆地鍛鍊身體，精神可嘉，難道『勤奮』對妳而言，是一件愚蠢又好笑的事嗎？」

女學生解釋說：「我是在笑他為什麼每天不橫渡四次，只橫渡三次，這樣一來，他要如何取回他留在對岸的衣服呢？」

老師聽得目瞪口呆，一句話也說不出來。

很多人都認為成功人士應該著眼大處，略過小處，然而，正是這些細微的小地方決定了成功的關鍵。

諸如上班時對同事的一句問候，可以讓人對你留下好印象；合約書上的一個錯誤用詞，則可能造成公司莫大的損失。

注重細節代表一個人心思縝密、專注認真的做事態度，也是一個人通往成功旅途中留下的一步步腳印。

鴻海集團總裁郭台銘曾說：「魔鬼就在細節裡。」

海爾集團的總裁也說：「把每一件簡單的事做好就是不簡單，把每一件平凡的事做好就是不平凡。」

邁向成功，就從細節出發！

別為勝利賠上自己

贏的感覺固然令人爽快，但為了勝過別人，要付出的代價常遠大過人們的想像。想避免因小失大，最好的方法就是多思考。

　　人太急於求勝，便會為了贏過別人而不擇手段，甚至目空一切時，到最後反而會輸掉自己原有的快樂，也失去自己原有的高尚人格。

　　這樣的人，最容易做出得不償失的蠢事，到最後還賠上自己，你說這到底是贏還是輸呢？

　　一天，有對老夫妻收到鄰居送的五個蛋糕。

　　老倆口每人吃兩個，還剩下一個，誰都想吃，可是誰也不願意讓給對方，因此老爺爺提議說：「咱們就來一場沉默比賽吧，誰可以撐到最後不說話，這個蛋糕就是誰的！」

　　老爺爺心想，老奶奶平時最喜歡嘮叨和囉唆，若要她不說話，簡直就是要了她的命！他敢肯定自己絕對會是最後的贏家。

　　沒想到老奶奶的意志力卻出奇堅強，打從沉默比賽開始後，就緊抿著一張嘴，連個細微的聲音也沒有發出過。

　　他們兩人你看我、我看你，卻誰也不願意先開口說話。

　　這樣的生活實在悶得慌，因此天才剛黑，他們倆就早早鑽進

被窩裡睡了。

夜裡，一個小偷摸黑溜進家裡，發現這家人的床上雖然躺著兩個人，卻一點兒聲響也沒有，便大著膽子把他們家值錢的東西全都搜刮殆盡。

老爺爺和老奶奶雖然察覺有小偷入侵，但是誰也不想先開口，只好眼睜睜看著小偷大搖大擺地滿載而歸。

為了一塊小蛋糕，失去整屋子的財產，你認為值得嗎？

看在旁觀者眼裡，當然會為這對老夫妻大呼不值。若站在局中人的立場來想，他們或許會認為「贏」這個字比什麼都還重要，就算輸掉一切也要贏過對方，但是這樣的勝利又有什麼意義？

正如三國時代的周瑜，因為不服氣諸葛亮的才智優於自己，一心一意想勝過諸葛亮，結果不但賠了夫人又折兵，更賠上自己的性命，還要被世世代代的人拿來做負面教材，真可謂得不償失！

贏的感覺固然令人爽快，但是為了勝過別人，要付出的代價常遠大過人們的想像。

想避免因小失大，最好的方法就是多思考。

在做每個決定之前，多多思考事情的每個面向，不是問自己最想要什麼，而是要問問自己，哪個決定才不會讓你後悔。

太過執著，只會招來「禍果」

不應該用自己的認知預測別人的行為，更不應該自以為是地替別人的行為做出保證，因為，沒有人可以替別人的行為負責。

人的潛意識裡總是有主宰別人的念頭，總是有意無意地要求別人理解自己的思維邏輯或行為模式，並且用自己的認知標準衡量別人。正因為如此，才會吃力不討好，經常做出讓人不敢恭維的蠢事。

再怎麼厲害的人，也只能操縱自己的一切，沒有辦法操縱整個世界，當然也沒有辦法操縱除了自己以外的任何一個人，甚至是任何一條狗。

一名法國人到一位英國朋友家作客。

當他來到朋友家門口時，屋裡突然撲出一條狗，「汪汪」地對他吠個不停，模樣相當兇狠。

法國人嚇得驚慌失措，不知要往哪裡躲。此時，主人緩緩從屋裡走出來，大聲地罵了狗一頓，然後笑著對朋友強調：「會叫的狗不會咬人，我想您大概也聽說過這句諺語吧，我這隻狗雖然大了一點，但是您不用怕牠的。」

法國人仍感到心有餘悸，便回答狗主人說：「雖然我和您都

知道這句諺語，可是……您家那條狗……牠也知道那句諺語嗎？」

不要單憑自己的認知行事，也不要光從自己的視野解釋，你認爲自己不會做的事，不代表別人也不會做。

太過執著只會招來意想不到的「禍果」。

狗會不會咬人，或者什麼時候要咬人，決定權在狗，而不在你。因此，不應該用自己的認知預測別人的行爲，更不應該自以爲是地替別人的行爲做出任何保證，因爲，沒有人可以替別人的行爲負責。

當你身邊的人做出了你無法認可的事情時，沒有必要跟他生氣。他做錯了什麼是他自己的責任，更何況，他可能並沒有做錯什麼，只是做了你認爲他不會做的事情而已。

PART ③

改變心境，
走出生命的困境

如果你擁有健康的身體，

那麼請你好好珍惜與愛護；

若你正為病痛所苦，就要勇敢面對考驗，

努力活出上天賜予的生命。

得到別人認同，做事就容易成功

 再怎麼複雜的問題，其實都是人的問題，想要
把事情做好，就要先把人搞定，每個人都有可
能會是我們的貴人。

　　對一般人而言，小公司要和大企業合作或許很難，但是只要
懂得擒賊先擒王，從主事的關鍵人物下手，這其實也不是這麼難。

　　此時，就不再是小公司和大企業之間的事，而是人與人之間
的事。要得到一家企業的認同，的確很不容易，但是，想要得到
一個人的認同，就沒有這麼難了。

　　一天，《墨檀》月刊的主編詹森得知「森尼斯企業」剛剛制
定了一份年度廣告計劃，總預算高達兩千多萬美元。當下，詹森
就決定，一定要想辦法讓「森尼斯企業」來他的月刊登廣告！

　　據說，「森尼斯企業」的總裁麥唐納是一個非常精明能幹的
人，詹森多次寫信給「森尼斯企業」，要求商談廣告業務的事宜，
寫得洋洋灑灑、字字血淚，但都遭到該公司拒絕。

　　但是，詹森並不灰心，他決定要做的事，就是要做到底。

　　他費心查閱了許多相關資料，知道麥唐納是一位探險家，曾
經到過北極。那個時間正好是知名探險家漢森和比爾準到達北極，
掀起一股北極旅遊旋風之後的幾年間。

　　詹森立刻想到，麥唐納一定是聽聞了漢森和比爾準的極地冒險事蹟以後，才決定去北極的。

　　知名探險家漢森從北極回來以後，曾經就本身的經歷寫過一本書。詹森於是費盡周章找到漢森，請他在書上簽名。

　　接著，他便前去拜訪麥唐納。

　　才剛走進麥唐納的辦公室，漢森就看到許多和北極相關的收藏品。麥唐納指著牆角的一雙鞋子，很自豪地說：「看到那雙雪鞋沒有？那是漢森送給我的。對了，你看過漢森寫的自傳嗎？」

　　「看過，」詹森緩緩地拿出給漢森簽過名的那本書說：「湊巧我這裡有一本，他還特地在這本書上簽了名。」

　　麥唐納一聽，彷彿找到了知己一樣，立刻笑得合不攏嘴。

　　他告訴麥森：「在我看來，你的雜誌應該有一篇介紹像漢森這樣不畏艱險努力實現理想的人！」

　　接著，他又說：「不過，雜誌要做得好，經費就不能少。這樣吧，我和你簽一份年度廣告合約，你儘管放手去做吧！」

　　要記住，再怎麼複雜的問題，其實都是人的問題。

　　想要把事情做好，就要先把人搞定。

　　哈菲茲說過：「單槍匹馬的奮鬥，無法實現美好的憧憬。如無他人的相助，任何慾望都成泡影。」

　　得到別人認同，做事就容易成功，所以，我們平時就應該要好好做人，因為每個人都有可能會是我們的貴人。也許是現在，也許是以後，也許是在你最需要幫助的那一刻。

換個態度，能提昇工作效率

 如果你覺得工作很無聊，那就想辦法把工作變好玩，一邊工作一邊玩樂，反而可以激發出更好的創造力及工作效率。

雖然今天有很多高階管理人員仍頑固地將快樂和幽默從工作中抽離，認為我們應該在「工作的時候工作，玩樂的時候玩樂」，但事實證明，一邊工作一邊玩樂，反而可以激發出更好的創造力及工作效率。

很多人都不曉得要怎樣把工作變好玩，其實，只要在每個工作的空檔中，放鬆緊繃的心，好好發揮幽默感，做些令自己開心的事情，工作自然而然就會變得有趣多了！

一個年輕人經營一家藥房，因為生意不好，每天為了生計愁眉苦臉，對待顧客也沒有好臉色，正因為如此，他的藥房生意每況愈下，年輕人很想乾脆結束營業算了。

只是，想歸想，他心裡還是不願意就這麼輕易放棄。

於是，他突然領悟到，既然說什麼都要做下去了，為什麼不把工作當成一種生活的樂趣呢？

從那天起，他改變了工作的態度，把看店當成一種好玩的遊戲來看待。並且經常思索各種有趣的方法，增加工作時的樂趣，

讓自己和顧客都能感受到店裡輕鬆愉快的氣氛。

沒多久，他的這種試驗就收到了明顯的效果。

年輕人擅長根據每位顧客不同的特性開著恰到好處的玩笑，為藥房帶來一股輕鬆溫馨的氣氛。同時，他更積極、更主動地為客戶提供服務，因此大受顧客的歡迎。

沒多久，他的生意就已經好到了開分店的地步，而且分店越來越多，目前在美國藥行界位居第二。

這種寓工作於玩樂的態度往往能收到很好的效果。

有一位推銷員，因為業績不佳，每天的心情都非常沉重。

後來有一天，他決定要換個念頭，把這項工作當成一個有意思的遊戲來玩，讓日子過得輕鬆一些。

他用開玩笑的方式，與另一個推銷員展開一場趣味競賽，以比賽的方式度過一整天上班的時間。兩人每天比打卡的時間、比接觸到客戶的人數、比完成問卷的數量，甚至比上廁所的速度。

為了取勝，他們兩個都在競爭中使盡怪招，為了打敗對手無所不用其極，結果反而令生活充滿歡笑。

藉由每一次競賽的勝利，這名業務員重新燃起了對工作的熱情，業績也跟著大幅提升。

高爾基說：「如果享受工作的樂趣，那麼人生是天堂。如果工作是義務，那麼人生就是地獄。」

如果你覺得工作很辛苦、很無聊、很沉悶，那就想辦法把工作變好玩！幽默、膚淺、遊戲其實都是工作中不可或缺的一部分。

改變心境，走出生命的困境

如果你擁有健康的身體，那麼請你好好珍惜與愛護；若你正為病痛所苦，就要勇敢面對考驗，努力活出上天賜予的生命。

在一場講座中，罹患腦性麻痺的黃美廉博士被問及：「妳怎麼看待自己患病的身體？難道都不會怨天尤人嗎？」

她轉頭在黑板上寫下一句話：「我只看我所有的，不看我所沒有的。」

歪斜的身體，不平衡的肢體動作，幾乎沒有說話能力的她，不僅克服了身體上的障礙，更努力活出生命的光彩。

不畏懼他人異樣的眼光，即使成長的過程充滿了血淚，她仍然勇敢面對，最後獲得加州大學藝術博士學位，以及十大傑出青年的榮譽。

是的，只要願意改變心境，每個人都可以走出生命的困境。

二十世紀墨西哥的國寶級女畫家芙烈達·卡蘿，擁有極高的藝術成就，但她的一生卻為病痛所苦。

六歲時罹患小兒麻痺，十八歲那年遭遇一場幾乎奪去性命的嚴重車禍，一根金屬扶手穿透了她的骨盆，造成無法生育和其他嚴重的後遺症。四十七年的歲月中，她經歷了三十二次手術，甚

至被迫截肢。

即使因骨骼病變必須被石膏固定在椅子上，芙列達也沒有放棄作畫。無法起身的時候，她就在床的上方裝上一面鏡子，繼續堅持作畫，將生命的希望及生育的渴望表達在藝術中，在繪畫中尋找喜悅。

雖然她也曾有過輕生的念頭，埋怨上天爲何要如此折磨她，但在日記中她這麼寫著：「我病了，我已經垮了，但是只要能作畫，我就很高興自己還活著。」她也對朋友說過：「我非常愛事物、生命、人。」

在芙烈達的葬禮上，前來瞻仰、悼念她的人超過了六百人，當靈車載運著她的身體進入爐門那一刻，火焰燃燒著她的頭髮，就像一朵綻放的向日葵，如同她最後的畫作，畫出對生命的禮讚：生命萬歲。

生命的鬥士面對這個世界時，表現出來的大都是樂觀的一面。他們表面上看似忽略了身體承受的痛苦，比任何人對生命更富有熱忱，但他們真的如此豁達嗎？

相信，私底下的他們，必定有過痛苦萬分的掙扎與煎熬，甚至可能比任何人都無法接受自己的殘缺。可是，生命帶給他們的遭遇，就是如此的殘酷，不克服，就無法生存下去。

因此，最值得學習的，是他們走出困境的精神：改變想法接受事實，並且克服身體上的障礙，勇於追求人生，走出自己的一片天空。

每天翻開報紙，打開電視，自殺、自殘的悲劇不斷上演，太多人不懂如何克服自身面臨的挫折，欠缺足夠的抗壓力，才會讓

悲劇一再發生。

　　在某些人輕易結束寶貴生命的同時，卻有更多人不斷爭取活下去的機會，若讓他們交換身分，異地而處，當呼吸都變成一種奢侈，當身體的病痛奪走生活的一切，他們還會如此輕易地捨棄自己的生命嗎？

　　看過芙烈達的故事，四肢健全的我們，要懂得珍惜與滿足。因為唯有健康地活著，才是最大的財富！

　　每一個人都是赤裸裸的來到世上，就像一塊空白的畫布，等著自己去揮灑色彩。如果你擁有健康的身體，那麼請好好珍惜與愛護；若你正為病痛所苦，就要勇敢面對考驗，努力活出上天賜予的生命。

用心體驗生活，讓生命更豐碩

 人生只能活一次，每個日子都是獨一無二、值得珍視的。如果只會為過去悲傷，那麼請準備為未來落淚。

　　現代人每天匆匆忙忙地來往各地，倉促與人碰面、交際，很少慢下腳步仔細體會周遭的生活。

　　我們常忽視了路上的一草一木，感受不到風吹過髮際的舒暢，甚至忘了生活中還有其他的美。

　　或許，有很多人要在多年之後，才發覺原來自己居住的環境，竟然有那麼美妙的地方，因而後悔自己沒有早一點發現，真是一件很可惜的事。

　　一位學富五車的學者隱居在深山中，過著簡單樸實的生活。清晨起床，他就進去森林採野菜，傍晚時就坐在山崖上欣賞日落。

　　國王知道有這樣一位人才時，非常希望能請他幫忙治理國家，為了表示尊重，決定親自前往拜訪。

　　一路上崎嶇難行，好不容易才到達。國王在屋裡找不到學者的身影，卻聽到屋後傳來一陣歌聲，前往一瞧，原來，學者正利用岩壁流出的泉水，快樂舒適地洗著澡。

　　國王表明自己的來意後，學者仍毫無反應地繼續洗澡。國王

心裡一急，走向前去想問學者要什麼條件才肯答應自己的請求，這時，學者終於開口，說的卻是：「請不要擋住我的陽光。」

還有一個故事是，一個剛失戀的少女打算以自殺的方式來結束生命，走到湖邊徘徊著。

在那兒有一位正在寫生的畫家，專心致志於眼前的畫布上。

少女走到他的身後，好奇地看著他作畫，心裡納悶著這個地方有什麼好畫的，那座山陰森森的像個鬼影，暗綠的湖像灘死水。

畫家像是沒察覺少女的存在般，依然專心作畫，過了好一會兒，他終於開口：「想看看畫嗎？」

少女雖然有點排斥，但還是好奇地走了過去。

當她看到畫布那一剎那，驚豔地摒住了呼吸，她深深地被吸引住了，完全忘了自殺這件事。

她眼中像墳場般的景色，竟然變成那麼美麗的畫面。湖面就像湖上的宮殿，山林像長著翅膀的天使，畫家拿起筆，又在上面點了幾個小點，少女開心地叫了起來：「那是星辰和花瓣啊！」

畫家滿意地笑了，說道：「是啊！美麗的生活需要我們自己用心發現呀！」

畫家把這幅畫命名為「生活」，並將它送給少女。

第一個故事中的學者十分清楚自己要的不是獲得名利、權位，只需要生活的滿足，因而即使國王來到自己面前，也不會因為這份尊榮而心動。

第二個故事中的少女將自己綁在過去的傷痛中，終日悶悶不樂，而時間就這樣一點一滴流逝，所幸遇到畫家帶領她發現生活

中還有許多美好的地方。

　　人生只有一次，每個日子都是獨一無二、值得珍視的。如果只會為過去悲傷，那麼請準備為未來落淚。

　　大自然是生命的導師，心靈能否汲取自然的智慧，卻要靠自己細細領略。生活本來就是如此簡單，需要我們慢下腳步，好好感受其中的美好。

看見問題，才能解決問題

在解決問題之前，一定要知道自己的問題在哪裡。只有先看見自己的問題，才可以用最適當的方式來解決其他問題。

生活中，我們難免會碰到一些問題。遇上問題並不可怕，可怕的是不知道該如何解決問題。

每一個人解決問題的方式都不一樣。有人習慣用「生氣」來解決問題，有人喜歡用「哭泣」來解決問題，有的人遵循「大事化小、小事化無」的策略，還有人總是把自己的問題丟給別人來解決。

事實上，每一種方式，都不見得是絕對的好，或是絕對的壞，只有適不適合自己的選擇而已。

有個盲人牽著他的導盲犬，正準備要過馬路時，這隻狗不知道是吃錯了什麼藥，固執地賴在地上，一步也不肯走。

盲人不耐煩地扯了扯手中的繩子，催促狗快點走。沒想到，這隻不知死活的狗竟然在主人的褲管上撒尿！

旁邊的路人看了，不禁露出好奇又同情的眼光，想看看這隻狗的主人會有什麼反應。令人驚訝的是，狗主人居然一聲也沒吭，只是從懷中掏出一片餅乾，蹲下身子來餵狗吃。

　　其中一名路人實在看不下去，出聲勸告狗主人說：「你得好好管教管教你的狗才行！換做是我，早就一腳從牠的屁股上踹下去了！」

　　「我也想這麼做啊！」盲人笑著說：「不過，得先找到牠的頭才行。」

　　在解決問題之前，一定要先知道自己的問題在哪裡，否則，一旦用錯了方式，反而會把問題越攪越亂，越捅越大，到最後甚至還會把自己的問題，變成了別人的問題。

　　就像故事中的盲人一樣，他的狗發生了問題，如果顧著罵狗而忘了自己看不見的這個問題，那麼最後的結果，可能是狗被他罵跑了，他卻看不見，到頭來還得大費周章地託人把狗找回來。

　　很多人在碰到問題時，都認為那是別人的問題。然而，只有先看見自己的問題，才可以用最聰明、最適當的方式來解決其他問題。只有當你自己有能力去處理自己的問題以後，才有資格去指責別人的問題。

「再見」是成長的開始

在生命的旅程中，離去者留下的不只是傷痛，還包括支持和勇氣。別害怕說再見，這只是一個成長的開始。

　　詩人紀弦在〈火葬〉一詩中將人比喻成一張寫滿的信箋，躺在牛皮紙的信封裡，當投入火葬場爐門的那刻，就像一封貼了郵票、蓋好了郵戳的信，寄往遙遠的國度。

　　生離死別往往是人生中最大的傷痛，這樣的離開意味著一切從此改變，熟悉的臉孔不再對你說話、對你微笑。

　　許多人不願意接受親人永遠離去的事實，終日活在悲傷裡，連自己的人生也放棄了，放任時間無意義地逝去，不僅身邊的人難過，自己也不好受。

　　學會面對死亡，是我們從出生就要開始學習的課程。

　　比利心愛的小狗死掉了，他難過地跑到秘密基地，瘦弱的身影獨自坐在石頭上，雙肩因為啜泣而抖動著，淚水流滿比利的雙頰。突然，一隻厚厚的手掌輕輕地撫摸著比利，抬起頭一看，原來是爺爺。

　　爺爺牽起比利的小手，溫柔地看著他。

　　「爺爺！」比利抹去滿臉淚水問道：「該怎樣才能好好說再

見呢？」

爺爺往遠處的一棵蘋果樹望去，沉默了好一會兒才再度開口：「『再見』這個字太傷感了，但是它留下了期待。我們有許許多多道別的方式，沒有一個不教人感傷的。」

祖孫倆手牽手走進院子，這裡種滿了爺爺最珍愛的玫瑰花。

「比利，你看到了什麼？」

比利深深地吸了一口氣，深怕驚動了什麼似地輕聲說道：「爺爺，這裡的一切真是美極了。」

爺爺彎下身擁著比利說：「玫瑰雖美，但是因為你的心中充滿了愛，它們才更顯得芬芳。」

「讓我來告訴你這些玫瑰的故事，那時妳的母親都還沒出生呢！這些玫瑰是我第一個孩子出世時，我為他種下的。我感謝上帝將這個小天使送到我身邊，他的名字也叫比利。」

「有一天，可怕的戰爭爆發了，比利像許許多多的孩子一樣，離開了家鄉進入戰場，我陪他一步一步走到車站。十個月過後，我收到一封電報，比利在義大利的一個小村莊陣亡了。」

爺爺緩緩地站起身，擦拭著眼角的淚光。

「他對我說的最後一句話，就是再見。直到今天，我還忘不了他當時說話的神情。」爺爺用堅定的神情望著比利。「所以，別害怕說再見，不要被世上的孤獨與悲傷纏繞，離別時，只要記著彼此問候的愉快神情，就像太陽照在身上溫暖的感覺。」

兩年過後，傳來爺爺病危的消息，所有家人都趕回老家，圍繞在爺爺的身邊。比利跟爺爺道別時，輕輕說了一聲：「再見了！親愛的爺爺。」

此時，爺爺臉上露出一抹淺淺的笑容，就像正回應著比利：「再見了，我親愛的小比利。」

比利離開了房間，走進玫瑰花叢，陽光照在他的臉上，他領悟了爺爺所要告訴他「再見」的道理。

道別的方式有許多，只有「再見」能夠留下期待。人生總有無數次說再見的時刻，有的歡欣喜悅，有的淚流滿面。每一個「再見」，就像許下一個承諾，期望下一次見面時實現，儘管有些「再見」，卻再也無法相見。

根據民間習俗，離開喪家時是不能說再見的，他們覺得「再見」會讓死去的人留戀塵世，更讓活著的人無法面對事實。

曾經面對過親友死亡的人，相信都有一種共同的經驗：在你談論起過往的人時，常常會忘記他已離開自己身邊，這就是一種回憶。死者在你生命中留下的寶貴記憶，是任何人都帶不走的，或許在回想時會開懷大笑、痛哭流涕，但這正代表著你已經能勇敢說「再見」。

在生命的旅程中，離去者留下的不只是傷痛，還包括支持和勇氣。別害怕說再見，這只是一個成長的開始。

有創意，更要有積極的行動力

 創意能為生活帶來便利，甚至獲得意外的利益。這是上天給予每個人的天賦，只是你有沒有去探索與開發呢？

創造力一詞並不屬於特定人士，它在日常生活中扮演著極為重要的角色，從家庭生活到工作、人際關係等等，都充滿了發揮創造力的空間。

創造力的重點在於「個人的品味」，並不是只有偉大的文學作品、驚人的科技發明才能登上創造的行列，只要有獨特的自我風格，即使只是透過一道菜，也能發揮十足的創意。

只不過，有創意，更要有積極的行動力。

某日，愛德華在倉庫幫忙父親處理工作過後遺留的木屑時，碰巧遇見了登門拜訪的鄰居。原來是他家裡給貓使用的沙子因為天氣寒冷又潮濕而結塊了，想要些木屑鋪在沙子上面。

愛德華半開玩笑地從身邊的舊箱子中拿起一袋風乾的黏土，建議鄰人試試看，並告訴他這是一種附著力很強的土。

過了幾天，鄰居又過來要一樣的土，並告訴愛德華這種土比一般的土好用多了，不但較沒味道，而且好清理。愛德華聽完突然靈光一閃，心裡想著：「我何不來賣這種黏土呢？」

於是，愛德華開始做起小生意，弄來一些黏土，分裝成十袋，每袋五磅，一袋以六十五美分賣出，才剛推出就被搶購一空。

很快的，一傳十、十傳百，愛德華開始有自己固定的客戶群，也建立起自己的品牌。他不斷改良產品，將種類不同的黏土混合，讓吸收力更好，並且加入各種香味，提供客戶更多選擇。

就這樣，愛德華靠這種黏土而致富，在他去世的前三年，資產已達到了二十億美元。

這種黏土就是現在我們所使用的「貓砂」。

相同的機運也發生在喬治身上。

喬治在退伍軍人療養院工作，因為要照顧老人家的生活起居，不方便從事其他活動，因此將很多時間花在讀書和思考。

那時療養院的衣服都是外包給洗衣店負責，喬治看到那些為防止燙好的襯衫出現縐折而墊的硬紙板被丟棄時，若有所思地撿起來研究。

過了不久，喬治便向製造硬紙板的廠商洽詢印製成本，得知這種紙板的價格是每千張四美元。

於是，他和廠商商量，在硬紙板上加印廣告，以每千張一美元的價格賣給洗衣店，再賺取廣告的利潤。

因為價格便宜，推出後洗衣店紛紛購買這種加印廣告的硬紙板，但是喬治沒有因此而停止思考，仍然不斷想著新點子。

當他看到使用過後的硬紙板最後還是被丟掉時，不禁問自己：「該怎麼做才可以讓客戶保留硬紙板呢？」

某天，靈感突然出現在腦海裡。喬治馬上跟廠商討論，除了正面印上廣告之外，背面則加進一些新東西，例如能讓孩子著色

的可愛圖案、美味的食譜、可以全家一起玩的小遊戲等等。

　　之後，硬紙板不但沒有被丟棄，更有主婦為了蒐集紙板而將可再穿一天的襯衫提早送洗，喬治又再一次成功了。

　　美國作家湯瑪斯・衛斯特在著作《靈魂之眼》中如此寫道：「傑出人士有時候在創新方面，遠比在吸收、保留舊知識還要優秀得多。」

　　面臨同一個問題，能夠擺脫慣性思考的人，比較有機會發揮自己的創造力。愛德華和喬治的共同點在於，他們能以新穎獨創的方式解決問題，而且不斷研究與改良。

　　愛德華有著孩童天真爛漫的原創性，以黏土代替木屑而發現了「貓砂」的最好材料；喬治則主動尋求靈感，並非等靈感上門，他們在生活上的表現是積極而活潑的。

　　創意能為生活帶來便利，甚至獲得意外的利益。這是上天給予每個人的天賦，只是你有沒有去探索與開發而已。

　　在忙碌的生活中，給自己多一點獨處的空間，去思考、感受周遭的人、事、物。別害怕犯錯，只有不敢嘗試新奇的人才不會犯錯。

與其求人幫忙，不如展現專長

與其去請求別人幫你一個忙，給你一份工作，不如你先去幫對方一個忙，證明你自己的工作能力。

剛畢業的大學生是企業主最不願意僱用的一群人，因為他們缺乏實務經驗，又多半不願意從事基層工作。

但是，有些年輕人卻把自己「剛自大學畢業」的缺點變成優點，從最熟悉的「大學生」族群下手，為自己和公司打造出一番新氣象，這可是其他資深行銷人員想不出來的點子啊！

經濟衰退之際，很多大公司紛紛裁員。

這時，有個年輕人剛從大學畢業，想到當地一家大百貨公司找份工作。

他帶著一封介紹信來到百貨公司經理的辦公室。這封介紹信是他父親寫的，百貨公司經理是他父親大學時代最要好的朋友。

經理看了介紹信以後，很為難地告訴年輕人：「本來憑著我和你父親的交情，一定可以在公司裡安排個位置給你。可是，很不巧，我們公司昨天才剛裁掉一批員工，生意又一直虧本，要是我這時候再讓新進人員進到公司裡，恐怕會引起所有員工的不滿啊。」

　　除了這名年輕人外，還有很多從這間大學出來的畢業生都來到百貨公司找工作，只是，不管他們手中拿的是誰寫的介紹信，也不管是何人推薦他們，得到的全是同樣的答覆。

　　漸漸地，畢業生之間開始有傳言說，想到這間百貨公司找工作，根本就是浪費自己的時間！

　　然而，還是有人不信邪。

　　一天，有個年輕人來到百貨公司，直接走到經理辦公室門口。他手中沒有介紹信，也不是來找工作的。

　　年輕人只是請秘書送給經理一張紙條，上面寫著：「本人有一個主意，可以幫你解決目前遇到的困境，找回過去的景氣。如果你有興趣，請給我一個面談的機會。」

　　經理看了字條，立刻向秘書說：「讓他進來！」

　　年輕人一進到辦公室裡，就對經理提出了他的想法，條理分明地說：「我想替貴公司開辦一個適合大學生的服裝專櫃，專門賣服裝給大學生。你想想，不管經濟再不景氣，一般學生的生活都是不受到影響的。本校有一萬六千名學生，人數年年增長，大家的消費能力雖然不高，但是加起來卻會是很大的一股力量。雖然我不懂得怎麼製作衣服，但是我知道學生們喜歡什麼衣服、需要什麼樣的衣服。而且我還可以幫貴公司在校園內進行宣傳活動，吸引學生來這裡買衣服。」

　　沒多久，這家百貨公司果真為大學生們設立了價格便宜、款式新穎的學生專櫃，配合校園的宣傳活動以及專門給學生的折扣，吸引一批又一批的大學生一下課之後，就往這家百貨公司跑。

　　學生成了最主要的消費群，帶動了整間百貨公司的生意。

　　不用說，一手策劃這一切的年輕人也正式被這家公司聘用。

成功學大師斯邁爾說：「如果良機不來，你就自創良機。」

　　同樣的道理，如果在求職的路上總是被拒，不要只是傻傻地等待下一個機會，應該靠自己主動出擊，才有出人頭地的一天。

　　與其去請求別人幫你一個忙，給你一份工作，不如你先去幫對方一個忙，證明你自己的工作能力。

　　從這個年輕人身上，我們不僅看到了找工作的技巧與謀略，更重要的是，我們在他身上看見了「初生之犢不畏虎」的決心。

　　每個人都應該要和這名年輕人一樣，不小看自己，並且一定要充分了解自己的專長和優勢。

　　只要換個念頭，就能讓自己出頭。不小看自己，才能勇敢接受每一項挑戰；充分了解自己，才能盡情發揮自己的才能。

　　要努力替自己創造良機，千萬不要讓自己最美好的一面，僅止於一封華麗的「介紹信」而已！

多一點善舉，
讓心靈富裕

如果人們努力的目標，除了自身利益之外，

還有一點「利他」因子存在，實行起來會更起勁。

表達方式是更重要的事

用婉轉的方式，是一個維持彼此尊嚴，讓對方感到舒服的解決方法。讓你的每一句「聰明話」，都能包含一顆仁愛的心。

　　一個母親對於即將到來的訪客感到苦惱，她並不喜歡人們到家裡長時間打擾，可是又不好意思拒絕，只能暗自希望客人早點離開。深知母親想法的孩子，就在客人面前直接問道：「你什麼時候要回去？」

　　當下，氣氛一片尷尬，客人也不好意思多做久留而匆匆離開。客人走後，母親將孩子訓斥了一頓，讓本來以為會得到母親讚賞的孩子不知所措。他幫母親解決了困擾，為什麼還會招來一頓責罵呢？

　　這是因為，我們說話的立場，談論的話題，表現出來的舉動，都會影響到人與人之間往來的氣氛。

　　基於禮貌，就算心裡再怎麼不願意，也只能用婉轉的方式，或找其他不可抗拒的藉口當理由，「請」走客人。這是一個維持彼此尊嚴，讓對方感到舒服的解決方法。

　　全球最大的網路書店，亞馬遜公司的總裁傑夫・貝索斯，小時候經常在暑假期間隨著祖父母一起開車外出旅遊。

　　十歲那年，貝索斯又隨祖父母出外旅遊。旅遊途中，他看到一塊反對吸煙的廣告看板上說：吸煙者每吸一口煙，壽命便縮短兩分鐘。

　　正好貝索斯的祖母也吸煙，而且已經有三十年的煙齡，貝索斯便自作聰明地開始計算祖母吸煙的次數。

　　計算的結果是：祖母的壽命將因吸煙而縮短十六年。

　　誰知，當他得意洋洋地把這個結果告訴祖母時，祖母竟傷心地放聲大哭起來。

　　祖父見狀，便停下車，把貝索斯叫到一旁，輕拍他的肩膀說：「孩子，總有一天你會明白，仁愛比聰明更難做到。」

　　祖父的這句話雖然只有短短的十幾個字，卻令貝索斯終生難忘。從那以後，他一直都按照祖父的教誨做人。

　　許多折磨人的人際糾葛，其實都來自於表達方式出了差錯。

　　作家肯尼斯曾經說過：「*如果你能從別人的角度多想想，你就不難找到妥善處理問題的方法。*」

　　因此，當你想要勸告別人或提出建議之時，千萬別忘記先站在對方的角度，思考一下自己的表達方式。

　　只要你能站在別人的立場看問題，那麼，和別人溝通、交流的時候，就不會出現那麼多後遺症。

　　當祖母傷心哭泣時，相信貝索斯的心裡也不好過。他一定感到很委屈且迷惑，自己到底做錯了什麼？

　　就表面上來看，他的確沒有做錯什麼，所說的也是實話。可是，他的實話，也傷害了一個老祖母的心。

　　這一切，都是語言惹的禍！

　　這樣說，並非指責貝索斯講出不堪或不該說的字眼，只是他的表達方式顯然並不適合。

　　若貝索斯對祖母說出的話是：「吸煙會導致壽命縮短，我希望祖母能多陪我十六年，減少吸煙的次數好嗎？」相信祖母聽到一定會深受感動，就算落淚，也是充滿喜悅之情。

　　請回想自己一整天的言行，所使用的語詞、口氣、時機等等，是否造成別人不舒服的感覺？如果同樣的話放在自己身上，又有什麼的感受？

　　反省過後，再下一次認為自己很聰明，說的話非常有道理時，話出口之前，就會經過思考，是否會對他人造成傷害了。讓你的每一句「聰明話」，都能包含一顆仁愛的心。

神化偶像，只會讓自己失望

當賺錢變成「斂財」，失去初衷，忽視人們支持他們那一份真誠的心意，只會讓充滿期待的崇拜變成失望。

　　曾經參加某場座談會，節目一開始，主持人介紹來賓時，就很明顯地感受到「商業」氣息的推銷。

　　等到演講結束，許多粉絲上前要求簽名合照時，經紀人卻馬上上前擋下，表示這只是座談會，不能簽名、合照，要簽名，必須在某月某日帶著主講者的「作品」到某某地方的簽名會才行。

　　當下許多粉絲只能失望地離開。

　　為什麼會悵然若失或心生不悅？

　　那是因為我們把心目中的偶像想得太完美。

　　格雷格是紐約市著名的棒球球員，也是許多小男孩心目中的大英雄。

　　格雷格一張張英姿煥發的照片高懸在小傑克床頭。

　　七歲生日那天，小傑克一本正經地把格雷格的棒球門票放在生日蛋糕中央，可以想見小傑克是多麼崇拜格雷格。

　　一聽說格雷格要在紐澤西一家玩具店舉辦簽名會時，小傑克的父親馬上訂了一張票。

當然，格雷格並非簡單地接見孩子們為他們簽名。實際上，他是出售自己的簽名，一張門票要賣十美元。

小傑克和父親來到玩具店，那裡已經有數以百計的家長帶著小朋友在門口排隊。隊伍前進的速度很快，才一眨眼工夫，他們就站在格雷格面前了。

格雷格埋頭疾書，頭也沒抬就在小傑克的相片上簽完了名。他壓根兒就沒看男孩一眼，當然也沒發現男孩的表情落寞，以及一雙眼睛裡懇求交流卻又失望的神態。

整場簽名會如同生廠線運轉一般，一再重複毫無生氣的機械化動作。

離開會場回家的路上，小傑克十分沮喪地瞪著那個簽名。

「怎麼啦？」父親問：「你不是已經得到格雷格的親筆簽名了嗎？」

「可是爸爸，他連看都沒看我一眼。」

「哦，」父親說道：「別在意，那場面不適宜行注目禮。」

「但是，他是我的英雄啊！」小傑克不同意父親的說法。

過了一會兒，他想到一個主意，高興地對父親說：「爸爸，如果我知道他工作三小時賺多少錢，就省下這筆錢給他，請他來家裡吃一頓飯好嗎？」

「你知道你在說什麼嗎？」父親聽了不悅地說：「哪有請人吃飯還要付他工資的道理！」

「可是，爸爸，格雷格要的就是錢啊！」

看到故事的最後一句話，相信許多人的心裡，都有種說不出的感嘆。

　　並非指責身為「偶像」的人們不能賺錢，畢竟，他們帶給人們快樂，人們的支持讓他們有錢賺、有飯吃。

　　但是，當賺錢變成「斂財」，失去初衷，忽視人們支持他們那一份真誠的心意，只會讓充滿期待的崇拜變成失望。

　　「什麼嘛！他竟然是這樣！原本以為看似有理念、有愛心的人，也只不過爾爾。」

　　當你對自己的偶像發出這樣的聲音時，或許也該反省自己，是否將對方過於「美化」，要求過高？畢竟偶像也是人，不能將他神格化。

　　當最後的答案是否定時，就該注意自己是否被外在包裝迷惑了，失去了對人應有的判斷力。

多一點善舉,讓心靈富裕

> 如果人們努力的目標,除了自身利益之外,還有一點「利他」因子存在,實行起來會更起勁。

教導過亞歷山大大帝的古希臘哲學家亞里斯多德曾經說過:「美是一種善,它之所以使人愉悅,正是因為它善。」

善心是世界上最美好的事,有善心的人能讓心靈自給自足,更能幫助他人。只要每天多做一點善事,就會讓自己更快樂。

美國新墨西哥州的富瓦社區,有三名持有行乞證的流浪漢,他們在這個社區生活了十三年。

一九九八年十一月六日,新墨西哥州政府通過一項法案,對行乞十年以上的乞丐停發行乞證,理由是他們已經非常富裕,不再具有行乞資格。

這三名流浪漢只好離開新墨西哥前往佛羅里達。當富瓦社區的薩姆神父聞知此事後,立即表示反對,並致信州政府,要求把三位乞丐重新召回。

他認為社區裡不能沒有乞丐,州政府這種做法,完全是對善良人們的褻瀆,是對人性的漠然和不尊重,該法案必須進行修改。

起初,大家都以為薩姆神父是出於對弱者的同情,可是當《基

督教科學緘言報》就此事採訪薩姆神父時，發現根本不是這麼回事。薩姆神父是這樣說的：

「四十年來，我曾在富瓦等六個社區擔任神父，這六個社區的人口和富裕程度都差不多，可是其中有一個社區找我解決心靈問題的人最少，來教堂懺悔的人也不如其他社區多。

『難道是這兒的人不夠虔誠嗎？』有一段時間，我感到非常困惑。

後來，我才發現，原來這個社區有一家孤兒院，裡面住著五名孤兒。就是這五名孤兒為社區居民帶來福音，喚起了他們的善心和善行。

孤兒使他們有了行善的地方，而經常行善的人，心靈是不會出現問題的。縱使是心靈出現問題的人，只要透過行善，也能夠從中得到慰藉。

所以，這三名流浪漢，是富瓦社區的福音。

一旦把他們趕走，富瓦社區的人們想透過布施獲得心靈安慰和滿足的機會就沒有了。」

薩姆神父的這段話，後來被刊登在《基督教科學箴言報》上，結果在新墨西哥州引發一場抗議州政府〈一一・六法案〉的大遊行。二〇〇〇年一月四日，〈一一・六法案〉被撤銷，三名富瓦社區的流浪漢被警察護送著從佛羅里達返回新墨西哥州。

有兩句話這樣說：

「花時間去幫助別人，會醫治自己的創傷。」

「一個小小的善舉，可媲美運動一小時後得到的舒暢。」

要讓自己快樂，最好的方法就是幫助別人。

因為，義務性地幫助別人，除了心裡能感到滿足之外，更能減輕壓力，讓自己更快樂。

此外，如果人們努力的目標，除了自身利益之外，還有一點「利他」因子存在，實行起來會更起勁。

例如，某個頗有名氣的藝人，最大的心願就是能幫助更多的人。因此，他在演藝事業上更加投入，也無形中為自己創造不小的成就。

有許多人加入義工的行列，對他們來說，這是生命中最有意義的事情。他們在幫助別人的過程中，心靈也跟著成長，覺得自己是個「幸福」的人，能有餘力來幫助他人。

幫助別人其實並不困難，也不用擔心付出的不夠，只要在我們的能力範圍內，多做一點「利人」的事情就可以了。沒有時間當義工沒關係，就算只是在回家路上隨手撿起地上的垃圾，維護環境整潔也是一種善行。

守時就是最佳的禮儀

 要珍惜自己的時間，也珍惜別人的時間，但同時也必須衡量「安全」狀況，別讓自己陷入困境甚至危害到生命。

俄國文學批評家別林斯基說：「在所有的批評家中，最偉大、最正確、最天才的是時間。」

一個不懂得珍惜時間的人，通常對人生沒有太大的抱負，也沒什麼責任感。因為他不懂得善用時間，把握生命。因此，我們可以從一個人使用時間的習慣，來判斷他的個性。

一七七九年，德國哲學家康德計劃到一個名叫珀芬的小鎮拜訪老朋友廉・彼特斯，動身前寫了封信，說明將於三月二日上午十一點之前到達。

康德於三月一日來到珀芬小鎮，第二天一早就租了一輛馬車往彼特斯的家前進。他家住在離小鎮十二英里遠的一個農場裡，小鎮和農場中間隔了一條河。當馬車來到河邊時，細心的車夫說：「先生，實在對不起，不能再往前走了。因為橋壞了，貿然通過很危險。」

康德下了馬車，看了看橋面，中間的確斷裂。河面雖然不寬，但水很深，有些比較淺的地方還結了冰。

「附近還有別的橋嗎？」康德焦急地問。

車夫回答說：「有，先生。在上游六英里遠的地方還有一座橋。」康德看了一眼懷錶，已經十點鐘了。

「如果以平常的速度趕到那座橋，什麼時候可以到達農場？」

「我想大概得十一點半。」車夫評估狀況。

康德又問：「如果我們走面前這座橋，以最快速度什麼時間能到達？」

車夫回答說：「最快也要四十分鐘。」

康德聽完，立即跑到河邊一座很破舊的農舍裡，客氣地向主人打聽道：「請問您這間房子要多少錢才肯出售？」

農婦大吃一驚：「您想買如此簡陋的破房子，究竟是為了什麼？」

「不要問為什麼，您願意還是不願意？」

「那就賣您兩百法郎吧！」

康德付了錢，說：「如果您能馬上從破房子上拆下幾根長木頭，二十分鐘內把橋修好，我將把房子還給您。」

農婦把兩個兒子叫來，讓他們按時修好了橋。

馬車平安地過了橋，飛奔在鄉間路上，在十點五十分趕到彼特斯的家。

後來，彼特斯無意中聽到那位農婦講到此事，便很感慨地寫了一封信給康德。信中說道：「您太客氣了，還是一如往常般守時。其實，老朋友之間的約會，遲一些時間是可以原諒的，何況您還遇到了意外。」

一向一絲不苟的康德，在給老朋友的回信中寫了這樣的一句話：「在我看來，無論是對老朋友，還是對陌生人，守時就是最大的禮貌。」

近年來人們「守時」的觀念愈來愈淡泊，原因可能出在科技發達，通訊方式多樣且方便。

　　以前可能說好幾點，出了門直到碰面之前都無法連絡，因此人們對時間比較謹慎、小心。可是手機問市後，約會前幾分鐘臨時取消，或者通知對方會遲到的現象時常可見，也在無意中養成遲到的習慣。

　　「時間」對一些人來說，可能是最充裕、不在意、用不完的東西，因此，他們不在乎時間的流逝。

　　不懂得珍惜自己的時間的人，通常也不懂得珍惜別人的時間，這是一種無禮的行為。

　　「守時」是人與人之間最基本的禮貌，應該要珍惜自己的時間，也珍惜別人的時間。我們要學習康德「守時」的精神，但同時也必須衡量「安全」狀況，別為了守時而讓自己陷入困境甚至危害到生命。

主動交朋友，為人際關係加分

一個容易對別人感興趣的人，通常人際關係都不錯，因為他願意主動與別人接觸，很容易在無形中為自己帶來好運。

　　在社會問題日趨嚴重的環境裡，對別人感興趣，其實也是保護自己的一種方式。

　　這會讓你願意多花一點時間去觀察別人，並藉由觀察來了解對方是否值得交往，有沒有危險性。

　　對別人感興趣，可以增添生活樂趣；對別人感興趣，不是只有傳播「八卦」的私人娛樂，更是人際關係建立的重要基礎。

　　「怎麼了，鮑伯？」這天，米勒太太問兒子：「你為什麼那麼不高興？」

　　「沒人跟我玩。」鮑伯說：「我真希望我們還是住在鹽湖城沒有搬家。在我那兒有我的朋友。」

　　「在這兒，你一樣會有朋友，」他媽媽對他說：「不用擔心，你很快就會交上新朋友的！」

　　這時，響起了敲門聲。

　　米勒太太打開門，門口站著一位紅髮婦女。

　　「妳好，」她說：「我是凱里太太，住在隔壁。」

「妳好！請進，」米勒太太說：「我和鮑伯都很高興妳來。」

「我來借兩個雞蛋，我想烤個蛋糕。」她說。

「我可以借給你，」米勒太太說：「但別著急，先坐一坐，我們喝點咖啡，彼此聊聊認識一下吧！」

凱里太太離開後的那天下午，又有人來敲門。米勒太太打開門，門外是一個滿頭紅髮的男孩。

「妳好，我叫湯姆·凱里。」他說：「我媽媽要我把這個蛋糕送給妳，還要還妳兩顆雞蛋。」

「謝謝你，湯姆。」米勒太太熱情地說：「進來吧，和鮑伯認識認識。」

湯姆和鮑伯年紀差不多，不一會兒他們就打成一片，一起玩球、帶著鮑伯的小狗去丟飛盤，一個下午就這樣快樂地過去了。休息時，他們吃著米勒太太端來的蛋糕，配著香濃的冰牛奶。

鮑伯問：「我們以後還可以一起玩嗎？」

湯姆說：「可以，媽媽說我只要做完功課就能出門玩。」

「我很高興你住在隔壁。」鮑伯說道：「現在，有人跟我做伴了。」

「媽媽說我們很快就會成為好朋友的。」湯姆回答說。

「我很高興你媽媽來借兩個雞蛋。」鮑伯接著說。

「她並不需要雞蛋，」湯姆笑了，「其實，她只是想跟你媽媽交朋友！」

故事中，這兩個太太都有一項共同的特質：對別人感興趣。

凱里太太雖然以「借雞蛋」之名登門拜訪，其實是一種試探手法，藉此了解新鄰居的狀況。

　　米勒太太更是熱情，不因爲陌生人第一次登門就借東西而不高興，反而大方地請她進門聊天、喝茶。也因爲這樣，凱里太太才放心讓自己的孩子和米勒家的孩子來往。

　　一個容易對別人感興趣的人，通常人際關係都不錯，因爲他願意主動與別人接觸。

　　這種接觸是善意的，只想讓對方了解，自己很樂意提供一些服務和幫助。

　　這樣的人，也很容易在無形中爲自己帶來好運，不僅認識了一個新朋友，也多一種人脈管道。

有好榜樣，才能有所成長

在批評年輕人一代不如一代，像個禁不起考驗的草莓和豆腐時，是否也應該反省自己有沒有以身作則，做個好的榜樣？

　　有一對夫妻生了幾個女兒之後，好不容易生了一個兒子。但是兩夫妻並沒有因此特別寵愛他，對他的標準反而更高，甚至阻止姊姊們溺愛弟弟。

　　這對夫妻是這樣說的：「就因為我們對兒子有更多的期望，所以更該從小好好教育他。」

　　再看看社會上多少問題孩子的父母，當初不也對子女抱著很大的希望，卻因為過度的溺愛反而害了他們？

　　早上，孔老師一進到教室，就被學生們團團圍著嘰嘰喳喳地報告：「教室後面有塊窗戶的玻璃破了。」

　　孔老師要孩子們回到座位上讀書，像什麼也沒有發生一樣，但緊靠玻璃窗坐的王小明不滿地嘟著嘴。

　　「現在是夏天，窗戶沒玻璃，不是比較涼快嗎？」孔老師安慰王小明。

　　可是，一節課過後，王小明的臉更臭了。原來，窗戶不遠處就是學校的垃圾場，常有蒼蠅從破窗戶裡飛了進來，在他的座位

上飛來飛去。

好不容易挨到放學，王小明立即飛奔回家將這事告訴媽媽。

媽媽吩咐爸爸：「你拿條煙去老師家一趟，讓他明天幫小明換座位。」

第二天，王小明和陳小飛換了位子。和蒼蠅做了一天朋友的陳小飛把這事又說給了爸爸聽，在市政府當文化局長的爸爸打電話打給校長，要他命令孔老師把陳小飛的座位換掉。

到了第三天，李娟娟坐到了破窗戶旁。她哭哭啼啼地跑回家，心疼孫女的爺爺立刻提著兩瓶酒到孔老師家拜訪。第四天，張小平的媽媽買了水果去了趟孔老師家。幾個禮拜過後，全班五十四名同學竟然有三十三名家長用不同的方式找了孔老師，希望家裡的孩子不要坐在那扇破窗戶旁邊。

可是，當安安坐上那個座位的時候，窗戶已經裝上一塊亮晶晶的新玻璃。「是誰裝上去的？」孔老師問。

「是我，我用自己的零用錢割了塊玻璃裝上去的。」安安輕輕地說。

下午放學後，孔老師留下全班學生召開「一塊玻璃值多少錢」的主題班會。學生不知道老師葫蘆裡賣的是什麼藥，等到老師打開兩個大盒子時才恍然大悟。

兩個大盒子裡裝著滿滿的禮品，有煙有酒有水果，每件禮品上寫著一個學生的名字。

「同學們，一塊玻璃價值不少呢！這些就是它的價值。」孔老師指著兩個大盒子說：「換成錢的話，大概值一萬塊左右吧，還要加上幾個當官的家長使用權力的價值。可是，它實際的價值是多少？安安同學請說說看。」

「三百塊。」一個響亮的聲音回答。

我們都知道，一個人在成長過程中總會遇到類似故事中玻璃窗戶破掉的情形。愛子心切的父母，不是教導他們如何去面對問題，而是直接替他們解決，卻忘了，孩子會長大，父母會老，不可能一輩子在子女身旁保護他們。

　　故事中的「三百塊」並不只有表面般單純，更顯現出許多讓人擔憂的問題。為什麼孩子碰到麻煩時，父母不是找出問題的根源，反而是靠金錢、權力來解決？為什麼孩子只會將問題留給父母，卻從沒想過改善的方法？

　　在批評年輕人一代不如一代，像個禁不起考驗的草莓和豆腐時，是否也應該反省自己有沒有以身作則，做個好的榜樣？

　　或許，需要再教育的不只有年輕的孩子們，更有許許多多長不大的大人。

愛的方式不能複製

可以參考別人與伴侶相處的方法，但是不可能照單全收。因為每一個人都有不同的個性，自然有不同的相處模式。

網路上有一封廣為流傳的郵件，信件內容是教導男人如何對心儀的女子展開追求。作者極力強調，男人只要維持自己的尊嚴，不要對女人唯唯諾諾，女人自然會被你吸引。

這封信受到很多人的贊同，也引起另一種不同的聲音。因為在一大篇洋洋灑灑的內容中，過於將女人「物質化」，認為只要具有財力、個性，再加上「大男人」主義，女人便會手到擒來。其中甚至提到，約會要故意遲到、愛理不理……等等欲擒故縱的招數。

想當然爾，如果想用這種招數對待自己的男伴、女伴，一開始他們或許會感到新鮮，久了之後必定無法忍受這種「不被尊重」的感覺。

有一個很美麗的故事。

中國有一個年輕人將自己的姓名、住址寫在紙條上，放入好幾個空瓶中，投到河裡。漂流瓶在流浪的過程中被許多素不相識的人拾起，他們都回了信給這個年輕人，並和他成為好朋友。其

中一個漂流瓶更是漂洋過海，被異域少女瓊絲撿了起來，她也和年輕人成為筆友。數年之後，瓊絲遠渡重洋到了中國見這個年輕人，後來他們兩人結為夫妻。

在他們的結婚典禮上，有人問他們是如何跨越千山萬水走到一起。年輕人深情地擁著瓊絲說：「我們的愛情緣於一只小小的漂流瓶子。親愛的朋友們，如果你們也想與我們一樣幸福，就請開懷暢飲，喝光所有瓶中的酒，製成漂流瓶吧。」

參加這場婚禮的小張也想感受這種浪漫，就寫了十幾份留有住址的紙條，灑上香水封入瓶中。他帶著這些瓶子來到大海邊，對每個漂流瓶進行了熱吻，溫柔地將它們放入水中。

一個月焦急而漫長的等待之後，小張收到一封陌生的信件，是來自隔壁省份的一個城鎮。

看著信封上的娟秀字跡，小張狂喜地打開信紙，他知道那是一個女子的筆跡。沒想到信中寫的卻是：「你這個王八蛋！我八歲的弟弟撿到你亂扔的酒瓶，好奇想要打開，結果雙手割得鮮血淋漓，醫療費總共花了一千元。你馬上寄醫藥費來，否則，我就拿著你寫的字條去告你！」

小張嚇了一跳，只好自認倒楣將錢匯了過去。

一年後，小張收到太平洋彼岸的一封信，信件從國外寄來的。小張小心翼翼拆開信件，信的內容很短，但他連一個單字也看不懂。他將信帶到學校，問了外文系的教授，終於問出信是從巴西寄來的，用的是葡萄牙文。

他把信交給懂葡文的老師，心中有些羞澀，有些激動。要知道，巴西女郎的激情舉世聞名，如果能和她大談異國戀情，是多麼美妙的事。

老師看完信後問小張：「信是一個叫綺絲麗的女孩寫的，要

翻譯嗎？」

　　小張眼中閃著異樣的光彩，連忙回答說：「要，要，要翻譯出來。」

　　老師隨即大聲唸道：「可恥，可恥！破壞海洋生態環境的人最可恥！」

　　越有智慧的人，越懂得自己要什麼、不要什麼，哪些事該做，哪些事不該做，所以在關鍵時刻能做正確的選擇。

　　相反的，越愚蠢的人，越搞不清楚事情的本質，經常幹出捨本逐末，讓人啼笑皆非的蠢事。

　　我們可以參考別人結交情人、與伴侶相處的方法，但是不可能照單全收。因為每一個人都是一種個體，都有不同的個性，自然有不同的相處模式，即使很相似，必定也有些微的差異。

　　我們必須用心觀察、了解一個人的需求，才有辦法真正打動對方的心。如果只想走捷徑，耍「奇招」來尋求真愛，小心會像小張一樣，收到一封「指責」的回信。

認識自己，才能發揮特質

 不用擔心自己出身低，長相普通，因為，發自內心的氣質與內涵，才能真正彰顯一個人的價值。

你對自己滿意嗎？是否生活中的每件事都能如你所願呢？

只有能接受自己的人，才能以健康的情緒去愛人，並做好份內的工作。

人的一生中，必定會有數次聽見潛在內心的聲音埋怨著：

「為什麼我生在這樣的環境？如果啣著金湯匙出世，就可以無憂無慮過日子，不用為了生活煩惱。」

「上蒼怎麼不給我一張漂亮的臉龐，一副完美的身材？只讓我長得如此平凡不出色呢？」

要知道，現今遭受過的一切，不論是因果輪迴或基因遺傳，都必須坦然接受。最重要的是，既然已經來到這個世界，就必須好好過自己的人生，不要被任何理由牽絆。

亞當跟夏娃離開伊甸園後，在一塊荒涼的土地上蓋了一間小屋，亞當耕田，夏娃紡織，每天辛苦工作著。他們每年生下一個小孩，這些孩子長得都不太相同，有的漂亮，有的醜陋。

有一天，上帝要天使去告訴亞當跟夏娃，祂要前去探望他們。

　　夏娃得知後，馬上把家裡整理得乾乾淨淨，用鮮花裝飾屋內。她喚來了漂亮的孩子，替他們洗澡，幫他們換上乾淨的衣裳，並教導他們上帝來時要有禮貌，回答問題時要得體。接著，夏娃又趕緊將醜陋的孩子叫來，因為不想讓上帝看見他們，於是將他們分別藏在家中隱密的地方。

　　上帝進來時，夏娃要漂亮的孩子過來跟上帝問好。上帝慈祥地看著孩子們，摸著他們的頭，一個一個說著：「你將是一個國王」、「你將是一個大臣」、「你是個騎士」、「你會成為貴族」、「你會成為學者」……。

　　夏娃看見上帝賜給孩子的祝福，心想如果其他孩子也能接受祝福就好了，於是，她把藏起來的孩子統統叫了出來，雖然這些孩子看起來又黑又骯髒，一點也不漂亮。

　　上帝看到他們，依然微笑著把手放在孩子的頭上說：「喔！我也要給這些孩子一些祝福。」於是，一一說著：「你會是個好農夫」、「你則是漁夫」、「你是個木匠」、「你是個鐵匠」、「你是信差」、「你是裁縫」、「你是製陶工」，對最後一個則說：「你將終身當一個僕人。」

　　夏娃聽完，不解地對上帝說：「他們全都是我的孩子，為什麼得到的祝福差那麼多？這樣很不公平的。」

　　上帝回答夏娃：「如果每個人都當權貴、富人，那麼這個世界誰來耕種，誰來打獵，誰來為大家服務呢？每個人都有自己的位置，必須謹守本分，這樣大家才能生存下去。」

　　夏娃聽完上帝的教導後，慚愧地低下頭說：「上帝，您的祝福是對的。」

　　這個世界就像一台不停運轉的機器，少了任何一顆螺絲釘，都無法順利運轉。因此，這個社會充滿各式各樣的人，每個人都必須做自己該做的工作，生活才能繼續。在金字塔型的社會結構中，位於頂端的人數只佔所有人口中極少的比例，也就是說，在這個地球上，平凡的人遠遠多於特別的人。

　　這樣說，並不是要我們有著宿命論的悲觀想法，而是要我們認識自己的價值，坦然接受自己，找到自己的定位，不要沉溺於不切實際的空想裡。

　　上帝給了每一個孩子祝福，相信他們能各得其所，做好自己分內該做的事。這些無關乎外表的美醜，而是關係著自己擁有的特質。

　　能為社會盡一份力的人，必能散發屬於自己的驕傲。不用擔心自己出身低，長相普通，因為，發自內心的氣質與內涵，才能真正彰顯一個人價值。

PART 5

多思考，
讓生命更美好

越忙的時候，

越應該要給自己一段思考沉澱的時間。

這是個必要的動作，

不能等到有空再做，也不應該有機會才做。

多思考，讓生命更美好

> 越忙的時候，越應該要給自己一段思考沉澱的時間。這是個必要的動作，不能等到有空再做，也不應該有機會才做。

　　聯強國際集團執行長杜書伍對於「深度思考」向來有一套自己的堅持，他說：「一般人習慣用一、兩秒的反射反應思考，其實，只要再增加一分鐘，就可以反映出仔細思索之後的結果。」

　　確實，透過深度思考，可以讓人工作更有效率，不會朝令夕改，也讓生活簡單，反而更能體悟出人生的真滋味。

　　忙碌令人忘了思考，但是唯有思考，才能讓人脫離匆匆忙忙的生活。

　　很多人每天忙著趕進度，每天被時間追著跑，卻忘了停下來思考，自己想要的究竟是什麼樣的生活？這麼忙碌、這麼辛苦，到底值不值得？

　　猶太商人佩文斯跟隨旅行團到亞洲旅遊。

　　他看見一大清早，街上有很多人都慌忙地擠進公車裡，趕著去上班，不解地問導遊說：「這些人為什麼這麼慌張呢？他們一天上班幾個小時？」

　　「這裡的人一天至少工作八個小時，加上坐車的時間，可能

必須花上十幾個小時。」導遊回答。

佩文斯聽了，感到更加疑惑，「他們一天真的有那麼多事要做嗎？要花那麼長時間？」

「大家都是這樣，」導遊說：「你們做生意的，不也非常忙碌嗎？」

「並不是你想像的那樣。」佩文斯慢條斯理地說：「真正有辦法的人，也可以說是聰明人，他們的生活都過得既清閒又富裕。因為他們肯動腦筋，花一小時的時間就能賺進超過一般人做十個小時所得的報酬。」

看導遊若有所思，佩文斯繼續說道：「你想想看，如果一個人整天忙著做某一件事，累了就睡，睡醒了又開始緊張地工作，完全沒有一點時間供自己思考，又怎麼會想出新的創意和見解呢？我認為，每天除了必要的工作時間以外，一定要抽出一點時間專供思考用。不要以安於現狀為滿足，要常常想出改善目前狀況的計策來。如果每個人注重思考，並且一想到了具體的方法，就立刻嘗試去做，我相信任何人都不會平淡無奇地度過一生！」

生活或工作當中，很多看似無法解決的問題，往往都在擺脫身邊的瑣事困擾，靜下來思考之後迎刃而解。

老天爺在時間方面對每一個人都是公平的。小職員一天有二十四個小時，總統一天也同樣只有二十四小時可以運用。大老闆每天有一千四百四十分鐘可花，襁褓中的小嬰兒一天也同樣擁有八萬六千四百秒的時間。

仔細想想，如果總統可以日理萬機，大老闆可以創造出天文數字的營業額，蔡依林可以一邊跑通告一邊讀大學，周杰倫可以

一邊寫歌一邊拍電影，而你卻連停下來思考的時間都沒有，這又是為什麼呢？

越忙的時候，越應該要給自己一段思考沉澱的時間。這是個必要的動作，不能等到有空再做，也不應該有機會才做。

應該把「思考」視為和刷牙、洗臉一樣，是每天非做不可的事情，要特地排出時間去做。

每天抽出幾分鐘的時間，去看書、看報紙，讓自己的頭腦可以思考工作以外的事情。每個週末撥出一點餘裕，去看電影、去陪家人，讓自己重新回歸到生活應有的樣子。

如此一來，你才能發現真正適合自己的生活方式，並且找到最正確迅速的方法，讓自己很快就能擁有那樣的生活。

為自己的選擇盡力負責

 要巧妙拿捏「給予」和「爭取」的藝術，不要讓對方太輕易得到這樣的東西，要讓他自己拼命去爭取。

　　人性就是如此，別人給的東西，多半不會太過珍惜。萬一別人給的東西出了問題，甚至會把責任推到別人身上。

　　但是，自己主動爭取來的東西可就不一樣了，自己要來的，總不能臨陣退縮，因此，我們只剩下一個選擇，就是奮力向前。

　　某家公司的經理決定在公司裡成立一個新的部門，擴大公司的規模。

　　至於新部門將由誰領導，經理想了半天，心裡挑了一位最適合的人選，但是卻遲遲沒有向任何人透露消息。

　　他選了一個週末，邀請那位早已物色好的人選到家裡喝茶談天，好像把對方視為自己的知心朋友一般，以商量的口氣，告訴對方自己的想法，並輕鬆地提到公司即將成立的新部門，以及新部門對公司的重要性。

　　之後，經理話鋒一轉，談到這個新部門可能會遇到的困難與挑戰，像詢問一個老朋友般詢問下屬，「要是你碰到了這些問題，會怎麼解決？」

只要稍微在職場上打滾過的人，都應該察覺到經理的弦外之音。這個被經理看好的下屬當然也不例外，知道經理覺不只是隨便問問而已，因此有條有理地說出自己的想法，表現出躍躍欲試的衝勁。

即使他的回答令經理感到非常滿意，經理也沒有立刻鬆口。

相反的，經理猶豫地說：「你有這樣的想法固然很好，我也很想要把這樣的重責大任交到你手中，只是，我擔心你太年輕，又缺乏經驗，怕你會覺得辛苦。但是，從另外一方面來說，你又確實是個人才……」

下屬聽到經理這麼一說，當然立刻表明了自己不畏艱難、不怕辛苦，願意接受挑戰的決心。

此時，經理才接著問：「如果我把新部門交給你管理，你覺得自己可以勝任嗎？我可以放心嗎？」

「我想，以我目前的觀察，我是有能力扮演好這個角色的。經理，你就相信你自己的眼光，把這個部門交給我吧！」

「那好吧，就讓你來做做看！」

雖然經理老早就已經打算要把新部門交給這名屬下，但是卻採取以退為進的方式，引導屬下自己主動接受這項新任務。這種化被動為主動的升職方式，令這個新部門的主管就任之後，表現得更有幹勁。

因為這個職務是那個職員主動爭取來的，所以不管再怎麼辛苦，也忙得無怨無悔。也因為他當初信誓旦旦地在經理面前掛了保證，因此不管遇到什麼樣的問題，都能勇敢負責，不會把問題推給上面的人。

　　這種聰明的任命技巧，實在值得每一位善用人才的好主管多多學習。

　　同樣的，當我們想對別人委以重任時，自然希望對方懂得珍惜，並且賣命演出。這個時候，就應該巧妙拿捏「給予」和「爭取」的藝術，不要讓對方太輕易得到這樣的東西，而要讓他自己拼命去爭取。

　　如此一來，對方不但會非常感激你，同時也會因為不好意思辜負你而加倍努力，這樣對你和對他而言，都是好事。

換個方式，會讓效果更顯著

與其直話直說，造成「忠言逆耳」的結果，不如努力把忠言說得悅耳一點。讓人聽得進去的忠言，才是有用的忠言。

經濟學家塞吉曾經這麼說：「沒有身家背景的年輕人，最好的出頭之道是：第一，找個職位；第二，守緊口風；第三，多多觀察；第四，保持忠誠；第五，使老闆相信你少不了他；第六，彬彬有禮。」

能夠和老闆好好相處，就能夠和所有人都相處得好。

在公司裡，你是否也發現了，有些人總是特別受到老闆賞識，有些人就是特別容易得罪老闆，究竟應該用什麼樣的方式跟老闆相處呢？

假設有一天，老闆在會議中向公司同仁宣布一項新政策，但是，你覺得這個政策不僅漏洞百出，而且還愚蠢得要死。

身為公司的一份子，你認為你有義務要讓老闆看清他自己的錯誤，但是，要怎麼說才好呢？

首先，當然不可以當著大家的面說。老闆也是人，和我們一樣有自尊，也和我們一樣不喜歡受到批評。

因此，如果真的有話要跟老闆說，最好在會議結束之後，到

老闆的辦公室裡私下跟他說。

否定老闆的意見之前，你要表達對老闆個人的尊敬與崇拜，讓他知道你只是對事而不對人，最好舉出實際的例子，讚揚過去老闆某項正確英明的決策，讓老闆覺得自己受到肯定。

接著，再論及主題，告訴他你對他這次的決定有些疑問。記住，你並沒有否定他的看法，只是想要表達你自己的疑慮而已。不是他的決定有問題，而是你自己有問題！試著用提問的方式，點出一些你認為不妥的地方，然後說明你的看法。

最後，別忘了再次向老闆表達敬意。告訴他，你的看法純屬個人淺見，說不定老闆看到的，正是你所沒有看到的地方，不管老闆做出什麼樣的決定，你都會尊重他、支持他。

如此一來，不僅顧全了老闆的身分地位，同時也讓老闆知道，你是個勇於建言的「忠臣」。

如果你是老闆，捨得不去重用這麼能幹可靠的下屬嗎？

也許有人會覺得連提出建言也要這麼機關算盡，做人不是太辛苦了？但正是透過這種「要心機」的過程，才可以將我們淬鍊成一個更圓融的人。

假若你的「心機」是為了要體貼別人、不得罪別人、不傷人自尊，那麼用一點心機又有什麼不好？

換個方式，會讓效果更顯著。與其直來直往、直話直說，造成「忠言逆耳」的結果，不如換個方式，努力把忠言說得悅耳一點。畢竟，讓人聽得進去的忠言，才是有用的忠言。

想要讓別人接受你的意見，就要讓你的行事風格能夠先被人接受。只有當你的態度對了，別人的感覺才會對。

發揮創意，工作也能變有趣

多多發揮你的想像力，把原本無聊的事情重新做另外一種解讀，就會發現，每件事情其實都可以變得很有趣。

很多人都覺得上班是種折磨，一點都不好玩，那是因為從來沒有換個念頭想過：「上班可以怎麼玩？」

其實，只要發揮一點小小的創意，就可以為工作帶來很大的樂趣，讓上班不再只是一件一成不變的事情，而是一個可以施展創意與幽默感的舞台。

日本政府每年夏天都大力倡導，鼓勵上班族上班不穿厚重的西裝，改穿透氣的 T 恤，以節約能源。

南韓一家公司更發揮創意，竟然規定員工穿睡衣來上班！

這項政策不是為了節省員工換衣服的時間，只是為了提振員工士氣，激發員工各式各樣的創意。

南韓的這家公司規定，每個月的第二個星期五，公司裡兩百五十名員工都必須穿著花花綠綠的睡衣上班。

女員工的睡衣包羅萬象，衣服上不是少女風味十足的愛心圖案，就是花俏的卡通和花朵，有的員工甚至直接內衣外穿，儼然就像個睡衣派對。

這個大膽的做法不但沒有引起員工抱怨，員工們反而都覺得非常好玩。

還好，這是一家專門生產內衣、睡衣的公司。把自家的產品穿在身上，不但可以充當活廣告，還可以順便製造新聞。

可別以爲穿著睡衣上班，員工們會老是感覺疲倦，想念溫暖的被窩。公司的行銷經理表示，穿睡衣工作的氣氛反而更能提高員工的士氣，提升他們的工作效率，並且反應在實際的業績上。

唯一感受到負面影響的，是和這家公司配合的廠商，他們必須穿著筆挺的西裝來到這家公司，和一群穿著睡衣的行銷人員開會，還真有點尷尬。

雖然穿睡衣上班令人感到十分輕鬆舒適，但是到了中午用餐時間，這些員工必須穿著睡衣走出大樓到街上覓食，可就沒有那麼惬意了。

爲了鼓起勇氣迎接路人異樣的眼光，員工們多半會成群結隊走在街上，誰也不願意落單。

無形之中，這不只鍛鍊了他們的勇氣，也增進彼此的情誼。

看來，穿睡衣上班的好處可真不少呢！

人的情緒很容易受到外在環境影響，也很容易受到小事撩撥，如果你每天都覺得疲累不堪、煩躁鬱悶，不妨靜下心來仔細檢討癥結究竟何在。

也許，經過靜心思索之後，你會意外地發現，生活和工作當中的那些苦惱，其實都是欠缺創意和樂趣造成的。

聽到穿睡衣上班，也許很多人會說：「饒了我吧！」

如果你也有同樣的反應，不敢去挑戰一些看似違背常理的事

情，那麼，或許你的問題不在於你的工作太無聊，而是你這個人太無聊！

　　坦白說，只要是工作，再有趣的事情都會變得不太有趣。因為壓力、進度、成果、考績、評鑑……往往都會吸引住人的目光，讓人沒有餘力去嘗試其他有趣的事情。

　　然而，你做的工作不有趣，你的人卻可以很有趣。

　　多多發揮你的想像力，把原本無聊的事情重新做另外一種解讀，就會發現，每件事情其實都可以變得很有趣。

　　秘訣在於，你要有接受挑戰的勇氣！

能處理問題，才算有能力

很多人都把「盡責」與「盡力」這兩件事情混為一談，盡力在上司面前表現完美，但是卻忘了自己也有對上司反應問題的責任。

在職場上有豐富歷練的人都知道，老闆絕對不會只要求員工要「表現好」，更會要求員工要「對公司好」。

因此，當你遇到一些棘手問題時，除了盡力表現自己的能力之外，更應該要判斷「怎麼做才是真正對公司好」，這樣才算是盡責的行為。

陳課長最近為了部屬的一波波離職潮大傷腦筋。

那些提出辭呈的員工，大都是資深優秀人才，究竟是什麼問題，讓這些重要的人才相繼出走呢？

公司老闆得知消息，一方面感到非常緊張，另外一方面又非常疑惑。

他深知陳課長的為人，知道陳課長平常盡忠職守，對人親和有禮，帶領底下的員工，也都像對待自己的兒女一樣，他的部門氣氛向來十分和睦，照理說，底下的人應該不捨得走才對。

老闆把陳課長請到辦公室裡，詢問他對這波離職潮的看法。

陳課長帶著些許驕傲的口吻說：「其實，那些人早就向我表

達過好幾次辭意了，還不是靠著我好說歹說，才把他們留住。但是，公司很多方面都一直無法滿足那些員工，所以他們終究還是決定跳槽到別家公司去了。」

「那麼你說說看，究竟公司哪些方面無法滿足他們呢？」

「唉，還不都是那些問題。譬如說，薪水不夠高、升遷制度不公平、工作時間太長、加班費給得太少……之類的。」

「既然你知道是公司的問題，爲什麼從來都沒有向公司反應過呢？」老闆語氣有些慍怒。

陳課長說得正氣凜然：「我身爲單位主管，怎麼能爲了一點小事，就找上面來處理？我覺得安撫下屬是我的職責範圍，當然應該要自己處理！」

「哦？那麼，你處理好了嗎？」

「我已經盡我的能力去處理了，我一直告訴他們，只要忍過這一陣子，將來多得是機會。」

聽完陳課長的話，老闆直搖頭嘆氣。

陳課長似乎終究還是不明白自己到底犯了什麼錯。

他很負責地安撫了員工的情緒，卻一直沒有針對問題去處理。結果，問題還是在那裡，員工不滿的地方依舊沒有被改善，想當然，員工離職也是意料之中的事情了。

對公司來說，陳課長似乎是個有責任感的好員工；對下屬而言，陳課長也是個懂得體恤下屬的好主管。

但是爲什麼事情卻不能有一個令人滿意的結果呢？

那是因爲陳課長根本搞不清楚什麼是責任感，也太高估自己身爲主管的能力了。

　爲了要展現自己身爲主管的擔當，陳課長選擇對高層報喜不報憂，卻忘了思考哪些事情是他壓得下來的，又有哪些事情需要公司的協助。

　很多人都把「盡責」與「盡力」這兩件事情混爲一談，一直盡力在上司面前表現完美，但是卻忘了自己也有對上司反應問題的責任。

　表面上看來，陳課長好像很負責，但是他只盡力粉飾太平，卻沒有盡到「處理問題」的責任。

貧窮是邁向成功的開始

即使眼前過著貧窮的日子也不該沮喪，必須時時謹記貧窮的教訓，只要能鍛造自己的意志，貧窮必定只是暫時的。

不曾經歷過黑夜，人便不會嚮往光明世界。從這個角度來說，貧窮和挫折就如同鍛造鋼鐵時的淬火，能促使有志氣、有能耐的人出人頭地。

貧窮和挫折是邁向成功的開始，更是鍛鍊意志和信念的必修課程。不曾經歷窮苦的生活，便容易遭到逆境摧折。

家境不好的丹尼爾高中畢業後，為了賺取學費，在華人街找到了一份餐廳工讀工作，每天早上七點就得上班掃地，然後剝蔥揀菜，洗餐盤擦桌子。

丹尼爾每天做這些又髒又累的差事，時薪又不高，還要看那些廚師、店長的臉色，這天回到家後不禁大發牢騷，發誓明天不幹了。丹尼爾的父親聽了，語重心長地對他說：「對第一份工作的承受能力往往會影響人的一生。第一份工作的重要性不在於是否輕鬆，不在於能賺多少錢，而在於自己從中學到了什麼。」

也許是父親的啟迪，也許是對家庭的責任感，第二天一早，丹尼爾準時到餐廳上班，一改以往抱怨、打混的態度，認認真真

地做好每件事，一有空閒就主動充當大師傅的幫手，趁機學一點烹調的手藝。

三個月試用期結束，其餘的工讀生都被辭退，只有丹尼爾留了下來，還得到服務生領班的職位。這份工作一直做到他大學畢業之後才結束。

大學畢業後，丹尼爾換過多次工作，但心裡一直堅信，不管做什麼事都要全力以赴，只要做到這點，能力一定會獲得賞識。十幾年工作下來，他總是有突出的表現，總是能夠得到上司和同事的讚揚。

「人窮志短，馬瘦毛長」，窮困往往使人輸在競爭的起跑點，這是事實。但許多窮人志向高遠、做事踏實，終於成就一番事業，這也是事實。

因此，即使眼前過著貧窮的日子也不該沮喪，必須時時謹記貧窮的教訓，只要能鍛造自己的意志，貧窮必定只是暫時的。

居里夫婦做鐳的研究時，生活很貧困。在一個破舊的倉庫裡，用一口大鐵鍋作實驗，沒有錢買精密儀器，就用簡陋的儀器代替，經過四年努力奮鬥，終於煉出世界上第一克鐳，成了舉世聞名的大科學家。

「窮」從某種意義上說，其實是一筆難得的財富，只要懂得在窮困的生活鍛鍊自己的意志和信念，人就能擊退貧窮。

相對的，貧窮的人如果不改變自己的負面念頭，必然終其一生都擺脫不了貧窮的折磨。

有誠心，才能讓人信任

很多人都濫用「好」這個字，對於做不到的事情，不要輕易說「好」。既然說了「好」字，就一定要努力做到。

越是親密的友誼，越應該要用心經營。「熟識」或許等同於「熟絡」，但是並不代表「隨便」。

不管是多好的朋友，如果你「隨便」對待對方，對方必然也會很「隨便」地看待你們的友誼。

小光有個從小一起長大的好朋友。

打從小時候開始，這個朋友就非常照顧小光，總是任由愛發少爺脾氣的小光對他使喚來使喚去，從來沒有一句怨言。也因此，小光對待他的態度很隨便，與其說小光把人家當成朋友，不如說小光根本視對方為跟班。

有一年，這位朋友搬了新家，邀請小光到他家作客。

小光答應了，可是，約定好的那一天，輪到小光在公司裡值班。

那天早上，朋友打了通電話給小光，和他確認今天的約會。小光這才告訴他上午要值班的事情，並說自己下午值完班以後再過去。

　　只是，到了下午，小光正準備要離開公司時，一個同事帶來最新的網路線上遊戲，邀請小光來較量一下。

　　雖然小光沒有忘記和朋友的約定，可是他想，玩一下應該沒有什麼關係。於是，便和同事留在公司裡一起挑戰新遊戲。

　　玩著玩著，小光完全忘了時間，等到他從公司裡走出來時，天都已經黑了。小光只好放棄了拜訪朋友的念頭，直接回家。

　　回到家裡，他想要打電話跟朋友解釋一下，可是不知怎麼搞的，他總是想，待會再打吧，或是等他自己打電話來吧。

　　結果，一拖就拖了很長的時間。時間越長，反而就越沒有勇氣提起這件事了。

　　一直到幾個月之後，小光有事情想要找那位朋友幫忙，才主動打電話給對方。

　　電話中，朋友的態度始終很冷淡，小光自知理虧，試著要為自己爽約的那件事情道歉。然而，朋友卻說：「我原諒你，但是我們已經不再是朋友了。」

　　原來，那天朋友和妻子推掉了所有的安排，哪兒也不敢去，只是為了等小光的到來。他們從早上等到下午，從下午等到晚上，到了晚上，還守在電話旁邊，擔心小光出了什麼事情，但是小光卻連一通電話也沒有。

　　朋友說，他不想和一個言而無信的人做朋友。

　　小光無話可說，他這時候才明白，人一旦失信於朋友，就很可能會失去這個朋友。

　　你是否碰過這樣「隨便」的朋友：講話隨便講講，十句話中只能信兩句，答應的事情總是做不到，做不到就算了，還假裝忘

記，如果你去質問他，他還會理直氣壯地說：「不過說說而已，那種話你也當真？」

真叫人不知道要怎麼跟這種人相處！

很多人都濫用「好」這個字，認為用「好」這個字來回應對方的要求，代表「聽到了」、「知道了」、「不要再說了」，卻不曉得這個字聽在別人耳裡，卻可能會是「承諾」的意思。

因此，對於做不到的事情，不要輕易說「好」。既然說了「好」字，就一定要努力做到。

不要以為這是微不足道的小地方，別人正是從這些小地方來評價你的。

有專長就不會被隱藏

 如果你真的有什麼過人的長處，別人自然也會看得見。如果別人老是看不見，可能是因為你並沒有自己以為的那麼好。

喜歡炫耀本來就是人的本性之一。做了好事、有了成績卻不張揚，如同錦衣夜行一樣，令人感到惋惜。

特別是在職場中，默默行善的人最後通常默默地被打敗。反倒是積極爭取表現的人，總是可以早日出頭，修成正果。

學校的朝會裡，司儀呼喚第一名學生上台領獎。

「第一名，第一名，第一名……。」

喊了半天，這時才看到拿到第一名的學生，緩緩地走上台去領獎。

等到他領完獎後，老師關心地問他：「你剛才是沒有聽清楚，還是怎麼樣？為什麼這麼晚才走上講台去呢？」

只見第一名答道：「沒有啦！我是怕其他人沒聽清楚。」

儘管做了好事、有了成績要讓人知道，但是從自己的嘴巴說出來，難免會給人「邀功」、「自吹自擂」的負面聯想。即使是

「不經意」地說，也會被人很輕易看穿。

最好的方式，就是自己什麼都不說，讓別人去說。

你為公司熬夜加班，不用你自己說，打卡鐘上面的數字會替你說。你為公司爭取許多業績，不用臭屁，老闆簽訂單的時候自然會知道。

培根說過：「凡是過於把幸運之事歸功於自己的聰明和智謀的人，結局多半是很不幸的。」

因此要記住，如果你真的有什麼過人的長處，不用你自己開口宣揚，別人自然能夠看得見。如果別人老是看不見，可能是因為你並沒有自己以為的那麼好。

你應該做的，不是「逢人就誇說自己有多好」，而是「儘量展現自己的好」，讓別人去替你說，讓大家去流傳，眾人都聽見你是第一名，你要做的，只是低調微笑就好。

想順利達成目標，先要有好外表

 外表是人的重要裝備之一，裝備齊全了以後再上路，才能在人生的路上出人頭地，為自己創造出一個好的開始。

儘管人們常說不要以貌取人，內在比外在更重要，可惜的是，我們往往沒有足夠的時間可以和剛認識的人好好談話，了解對方的內在之後，才去評斷這個人。

大多數人總是憑著第一印象，就決定了自己對人的好惡。更可怕的是，我們對人的第一印象，通常都只需要短短幾秒鐘的時間，就已經先入為主、根深柢固地建立在腦袋裡的資料庫中。

有兩個社會新鮮人來到同一家公司上班，擔任業務員。

他們推銷的產品是一種防止水龍頭出水時四處噴濺的小發明，這項產品的功能需要透過業務員詳細解說才能讓客戶了解，因此業務員本身的素質顯得格外重要。

第一天上班，甲業務員成功地推銷出去三個，乙業務員則賣了十五個。

甲覺得很奇怪，問乙推銷時有什麼訣竅。

乙也說不上來，他說他只是照著公司教的推銷技術，彬彬有禮地向客戶介紹產品罷了，並沒有什麼特別的地方。

　　只是，幾天下來，甲業務員的業績還是一樣毫無起色，乙業務員的業績卻一路扶搖直上。

　　甲請求乙帶著他一起去拜訪客戶，很想看一看乙介紹產品的時候，究竟使用了哪些不為人知的技巧。

　　於是，甲和乙一同來到了客戶的住處。

　　一進入電梯，電梯裡的鏡子就反映出了他們倆的身影。

　　乙穿著筆挺的西裝，脖子上繫著一條精緻不俗氣的領帶，皮鞋擦得乾乾淨淨、閃閃發光，臉部肌膚也因為定期保養，顯得容光煥發。

　　甲則穿著一身縐巴巴的灰夾克，讓人一看就聯想起小學的訓導主任，頭髮油得可以煎蛋，臉上爬滿了沒有清理乾淨的鬍渣，看起來很沒有精神，像是幾天沒有睡好的樣子。

　　兩人年齡相仿，站在一起卻活像是一對父子。還沒有見到客戶，甲就已經明白自己之所以推銷不利的原因了。

　　現在，你還覺得外表不重要嗎？

　　我們不一定要給人美麗、瀟灑、貴氣的感覺，但是舒適、乾淨、整潔、有氣質的感覺卻不可或缺。

　　外表就是內在的映照，如果你希望別人肯定你的專業，就必須先讓人看見你的專業形象。如果你希望別人感受到你的親和力，那麼衣著就不能打扮得令人嘆氣。

　　這是很簡單的道理，就連武功高強的超人，也要打扮得像個超人，才能得到別人對他的信任與崇敬。

　　外表是人的重要裝備之一，裝備齊全了以後再上路，才能在人生路上出人頭地，為自己創造出一個好的開始。

PART ⑥ 換個角度，就能找到出路

只要換一種角度，把阻礙視為「墊腳石」，

自然可以順利超越障礙。

越早收拾好情緒，就能越早開始動身往上爬。

對自己誠實，生命才有價值

 誠實，並不是為了要討別人的歡心，而是要讓你自己知道，自己是個誠實的人，值得擁有的一切美好事物。

在別人面前，要誠實；在別人背後，更要誠實。

唯有如此，你才會知道，不管是在人前還是人後，除了誠實以外，再也沒有其他的選擇。

誠實不光只是一種價值觀，更是一種自然而然的生活習慣。

波特小時候，經常去湖邊釣魚。

有次，傍晚時分，他和媽媽一起來到湖邊，享受釣魚的樂趣。

不知道過了多久，波特突然感覺到釣竿的另一頭變得沉重。他熟練地收起魚線，小心翼翼地把一條奮力掙扎的大魚拉出水面。

哇！這條魚比他從前釣過的任何一條魚都還要大！而且，還是一條相當漂亮的鱸魚呢！

波特和媽媽盯著這條漂亮的大魚，感到開心不已。

不過，此時，媽媽卻瞥見手錶上的時針已經超過晚上十點，過了允許釣獵鱸魚的時間了。

媽媽鄭重地對孩子說：「你得把牠放回去，兒子。」

「媽媽！」波特急得哭了。

「你以後還會再釣到別的魚。」母親勸他。

但是波特還是感到傷心不已,再也沒有這麼大的魚了。

他看了看四周,除了他和母親之外,沒有任何人在旁邊。沒有人看見他們,也沒有人知道這件事,但是波特卻知道,該怎麼做才是正確的。

波特緩緩解開大魚嘴上的魚鉤,把牠放生了。

剛才那一陣歡欣鼓舞的喜悅,就當做了一場美夢吧!

長大之後的波特,成了一位知名的建築師。

就像他自己預料的,他再也沒能釣到像那天晚上一樣的大魚,但是他卻一點兒也不感到後悔。在生活之中,他經常碰到許多類似那一晚的問題,但感謝母親的教導,他從來不曾因為沒有人知道,就放縱自己去做一些不該做的事情。

波特憑著自己的誠實、勤奮、守法,在事業上、生活中都有了出色的成績,他所得到的收穫,比起那條他曾失去的大魚,實在有過之而無不及。

誠實不一定能讓人釣到大魚,但是卻可以讓人活得安心自在,過得問心無愧,使生命更充滿喜悅。

特別在人們看不見的時候,更要告訴自己一定要誠實。因為,雖然別人看不見,但是你自己看得見。

你要活在自己的世界裡,不要活在人家的眼光裡。

誠實,並不是為了要討別人的歡心,也不是為了要得到別人的肯定。而是要讓你自己知道,自己是個誠實的人,值得擁有一切美好的事物。只有對自己誠實的人,才能每天都笑得坦蕩蕩。其中的快樂,也只有誠實的人才能享受得到。

利用壓力拉進成功的距離

面對壓力，才會產生動力。沒有壓力的生活，也許能風和日麗，但是有壓力的人生，才能發揮潛能，突飛猛進。

有一匹千里馬，總是跑不快。

人們不禁好奇地問牠說：「你不是千里馬嗎？為什麼跑得這麼慢呢？」

千里馬沒好氣地回答：「我又沒有在趕時間，跑得那麼快做什麼！」

千里馬因為沒有足夠的動機，因此無法發揮自己的天賦。

如果你一直感慨成功離自己很遠，那或許不是因為能力不足，你只不過是像那匹跑不快的千里馬一樣，對成功的渴望不夠。

撒哈拉沙漠中，氣候變化萬千，水源出沒不定，就算是土著中經驗最豐富的嚮導，也不敢對這一片沙漠掉以輕心。每當土著進入沙漠時，一定都會帶著常見的駱駝，以及一種生長在當地的猴子。

沙漠的氣候轉變時常令人措手不及，駱駝雖然以耐力著稱，但是應變能力卻不夠，儘管牠們有著卓越的天賦，卻很難在短時間內找到需要的水源。

這時候，土著隨身帶著的那種小猴，便能派上用場。

這種小猴生長在沙漠之中，一直與沙漠共存，幾乎不需要水源便能活存，但是牠們找尋水源的能力，遠遠超過已知的任何沙漠生物。

由於小猴子本身不需要水分，所以當土著們想要依靠小猴找尋水源時，會盡可能地強迫餵食小猴大量的食鹽，讓原本不需要水分的小猴因為體內鹽分的代謝，而對水產生迫切的需求，然後發揮牠們的本能，帶領土著們找到需要的綠洲。

小猴對於水分的需求，其實就像人們對於成功的渴望一樣。

許多人有著像小猴子一樣的天賦與才能，卻因為對水分沒有迫切的需求，所以遲遲無法發揮潛能。

這時候，只要試著為自己加點鹽，提高自己對成功的需求與渴望，就會發現，原來自己這麼棒！

要有「非成功不可」的決心，才會付出百分之兩百的努力。大多數人都是在面對壓力的情況下，才會產生動力。

只要這個壓力不是大到會把人壓垮，我們都應該要歡迎壓力的到來，並且適時為自己製造一點壓力。

沒有壓力的生活，也許能風和日麗，但是有壓力的人生，才能發揮潛能，突飛猛進。

不怕失敗經驗，是成功的基本信念

信心和努力，是超越一切的致勝法寶。只要準備好這兩樣東西，等於已經準備好要當個贏家！

很少人被真正的失敗打倒，大多數人總是被過去的失敗經驗拖累，還沒有開始，就已經害怕失敗。

畏畏縮縮、舉棋不定，當然會導致無可避免的失敗。

想要成為一個贏家，一定要對自己有足夠的信心。

紐約洋基隊無疑是台灣知名度最高的一支球隊。因為裡頭曾出了一位勝投王，是來自台灣的投手王建民。

洋基隊是美國歷史悠久、球迷平均進場最多的職棒隊伍，前總教練托瑞是洋基隊裡頭的英雄。

托瑞領導有方，自從一九九六年接掌洋基兵符至今，戰績超過一千勝，美國《商業週刊》曾經專訪托瑞，請他分享一下，要怎麼樣才能成為贏家？

托瑞說：「競爭在最高層次上不是談致勝，競爭的學問在於準備、勇氣、了解和培育人才、連結每一顆心。勝利只是結果而已。」

他特別強調「準備」的重要性，要求每個洋基球員，既然身

為競爭團隊的一員，不管教練要不要用你，都要做好隨時上場的準備。

　　他也說：「我相信不害怕失敗的人，就是一個贏家。」

　　所以，每當王建民輸球時，他一點兒也不擔心，只是提醒王建民要趕快準備下一場的先發。

　　托瑞之所以成為球場上的常勝將軍，是因為他早在贏球之前，就已經準備好了要贏。而你呢？你準備好了嗎？

　　如同托瑞所說，只要不害怕失敗的人，就是一個贏家。

　　不管這是你第一次做，還是已經做了無數次，不管你在團體中是第一名，還是總是吊車尾，只要來到了戰場上，就必須對自己有信心。

　　也許數據會告訴你，你過去的成績並不佳，那麼你就要相信自己，這一次一定會做得比從前還要好。

　　也許上一次的經驗告訴你，你不是生下來就靠這一行吃飯的。但是，既然你決定留在戰場上，就要告訴自己：「我可以！」

　　信心和努力，是超越一切的致勝法寶。

　　只要準備好這兩樣東西，就等於已經準備好要當個贏家！

事情不分大小，只看能否做好

許多看似簡單的事情，其實做起來不容易。一旦你無法順利將它完成，就是一個「連簡單的事情都做不好」的人。

　　人們常常都認為，對於簡單的工作，只需要付出一點點力氣就夠了。

　　然而，令千里馬失足的，通常不是崇山峻嶺，而是柔軟的草地中隱藏的石頭。

　　一件事簡單與否，不是我們自己可以判斷的，許多事情的難易程度，非要等做了，而且做完了以後才會知道。

　　有一位高階主管的辦公桌上，永遠擺著齊全的辦公用品，例如迴紋針、紅藍筆、膠水等，而且起碼都有兩盒以上。

　　都已經是高階主管了，還要準備這麼多文具做什麼？這些不都是秘書才需要的用具嗎？

　　原來，這名高階主管曾經經歷過一段不為人知的往事。

　　當年，他是國內少數留美回來的碩士，進入一家知名的電子公司工作。胸懷大志的他，一心只想趕快當上主管。

　　沒想到，部門主管不知道是有眼不識泰山，還是故意找他的碴，分配給他的工作幾乎都是一些瑣碎的事務，既不需要用腦，

做了也等於沒做。

　　留美碩士的滿腔熱情，很快就冷卻下來。

　　一次，公司開會，部門同仁徹夜準備開會要用的資料，大夥兒分工合作，而他分配到的工作卻是裝釘和封套。

　　部門主管特地吩咐他說：「一定要事先做好準備，免得到時措手不及。」

　　他的心裡很不舒服，心想：「哼！這種小學生也會做的事，還需要做什麼準備？這分明是故意奚落我嘛！」

　　眼看同事們忙得焦頭爛額，他只是在一旁冷眼旁觀，慵懶地翻著報紙，什麼事情也不做。

　　到了開會前十分鐘，同事才急著把剛剛出爐的資料交到他手中。他開始一件件裝釘，才釘了十幾份，釘書機「喀」地一響，針用完了。

　　他漫不經心地打開釘書針的包裝盒，糟了，裡面是空的！打開抽屜，卻怎麼也找不到另外一盒新的釘書針。

　　辦公室裡的全體同仁都翻箱倒櫃地幫忙他找，不知怎麼的，平時隨處可見的小東西，現在竟連一根都找不到。

　　眼看開會的時間已經到了，他火速衝到外面的便利商店買一盒訂書針回來，等到他好不容易把全部的資料裝訂完成時，會議已經進行了十幾分鐘。

　　部門主管生氣地對他咆哮：「不是早就叫你做好準備的嗎？連這點小事也做不好，留美碩士有什麼用啊！」

　　他無言以對，羞愧得抬不起頭。

　　千萬不要輕忽那些看似簡單的工作，富蘭克林就曾這麼告誡

世人：「小小的疏忽會造成大害，缺個釘子就掉了馬蹄，掉了馬蹄便丟失了馬匹，丟失了馬匹便喪失了騎馬的人。」

看似不簡單的工作，需要全力以赴，有些看似簡單的工作，更加不能不盡力。如果連簡單的工作都做不好，還有什麼資格去抱怨別人不重用你呢？

許多看似簡單的事情，其實做起來不容易。一旦你無法順利將它完成，就是一個「連簡單的事情都做不好」的人。

所以，不管面對工作的哪一個環節，都不應該輕忽大意。不管事情簡單還是困難，都應該要一視同仁，全力以赴。

要先努力把小事做好，才有能力去迎接其他更重要的任務。

看見不足，才能完成每次任務

 一個做人成功的人，不管被放置到哪，都一樣
勝任有餘。因為他看得見自己的不足，可以在
最短的時間內改善缺點。

　　其實，不管是做一個領導者，還是做一個被領導的人，甚至
做母親、做兒女、做丈夫、做妻子……，說穿了，都是在學習「做
人」。

　　千萬不要以為自己書讀得多，知識涉獵得廣，既謙虛又有禮
貌，就一定很懂得如何「做人」，就一定能出人頭地。事實上，
許多人生智慧，一定要親身經歷過後才會知道。

　　開學第一天，教授帶著兩個陌生人走進教室。

　　其中一名是去年以第一名成績畢業的企管碩士，看起來年紀
不到三十歲，另外一位則是大家都認識的企業名人，年紀與教授
相當，大約六十歲左右。這位企業名人是教授的高中同學，學歷
只有高中畢業。

　　教授請這兩位來賓分別用二十分鐘說明什麼是「好的領導」，
做為這門領導課程的開場。

　　第一名畢業生在短短二十分鐘之內，有條有理地引用了美國
奇異家電的傑克‧威爾許、英代爾的安迪‧葛洛夫、管理泰斗彼

得‧杜拉克，與台灣的郭台銘和張忠謀五位名人的領導經驗。

底下的學生彷彿在二十分鐘的時間裡，就一口氣見識到這五位名人的領導風格，大家都覺得頗有收穫。

年輕碩士講完之後，輪到企業名人上場了。

企業家笑著說：「『什麼是好的領導？』對我來說，其實只有六個字而已。但是，你們的教授規定我要講二十分鐘，所以我只好把這六個字用二十分鐘來講，希望你們不要怪我把領導複雜化了。」

「在我四十年的職場歲月中，只想達到一個境界：就是如何讓別人在我的公司上班是出於『心』甘情願，而非『薪』甘情願。雖然只差一個字，但是我卻摸索了四十年。

我發現，要讓員工『薪』甘情願，只要有一套健全的管理制度就可以辦得到，但是要做到讓別人為你『心』甘情願工作，就必須讓員工打從心底接受你、喜歡你。所以，我認為，領導其實沒有什麼大道理，不過就是『領導等於做人』這六個字而已。

我把自己的職場經歷分成什麼都不懂的新鮮人、初階主管、中階主管、高階主管、老闆五個階段，每一個階段，都有一件不同的事情需要我練習。雖然總共也只有五件事，但是它們卻讓我花了四十年的時間來練習。

在新鮮人的階段，我練習的第一件事是：少不多是。

我從不拒絕公司給予我的任務，也不會去想這個任務有多困難，我只問自己要如何去達成，久而久之，就會感覺到自己正快速地成長。

升上初階主管之後，我練習的第二件事是：少說多聽。

可以聽的時候，我絕不開口，在聽別人說話的時候，我會不斷學習如何掌握重點與分析邏輯。時間一長，我也學會了說話只

講重點的智慧。

等我成為中階主管後，練習的第三件事是：少我多你。

也就是多想到別人，少想到自己，儘量以別人的角度來看事情，這讓我培養出一個在上位者應有的氣度與雅量。

成為高階主管之後，我練習的第四件事是：少舊多新。

雖然這時候我已經有很豐富的職場經歷，但是我常常提醒自己，不要重複做已經成功做過的事，好讓自己還能有新的突破，不斷產生新的創意。

最後，我變成了老闆，練習的第五件事是：少會多讀。

我把自己歸零，放空自己，多閱讀。書讀多了，自然會看到許多自己還不會的地方，就是想不謙虛也不行。」

奧地利心理學家阿德勒在《自卑與超越》一書中寫道：「真正能夠應付且主宰生活問題的人，只有那些在奮鬥過程中，也能表現出利人傾向的人。他們超越前進的方式，使別人也能受益。」

一個做人成功的人，不管被放置到哪一種角色，都一樣勝任有餘。因為他看得見自己的不足，也看得見別人的需要，所以可以在最短的時間內改善自己的缺點，贏得大家的信任。

當我們有越多的才能，有越好的機會，更應該帶著一顆受教的心，去迎接生命帶給我們的每一堂課，並且相信，「做人」這一門學問，是我們永遠都學不夠，也修不完的課。

講道理不如分析利弊

> 想要說服別人，光講道理是沒有用的，還要儘量為對方的利益著想，如此才能打動人心，達到你真正的目的。

福特汽車的創始人亨利·福特曾說：「如果成功有任何秘訣，就是了解對方的觀點，並且培養從他的角度和你的角度看待事情的能力。」

「試著用對方的觀點來看事情」的思考模式，不但可以大大減低衝突，還可以為事情找到最有效的解決方式，並且為自己贏得朋友。

卡內基常年租用紐約某家飯店大廳，舉辦一系列為期二十天的講座。

然而，就在某一季的活動即將開始時，突然接到飯店寄給他的通知信，信上說，如果他想要繼續使用大廳，就必須付出比以前高三倍的租金。

這個消息對卡內基來說十分突然，這時講座的預售票都已經銷售一空，而且宣傳活動已經展開，要是這個時候才更改活動場地，不知道將會造成多麼嚴重的後果啊！

就目前的情況來說，接受飯店的要求，付出額外的租金似乎

是個比較好的選擇。不過，卡內基不願意這麼輕易妥協。

他來到飯店經理的辦公室，對他說：「收到你的信，我有一點驚訝，不過，我並不是來責怪你的。」

接著，卡內基繼續說：「如果我是你，我也可能提出類似的建議。身爲飯店經理，你的職責是盡可能增加飯店的收入，這點我非常了解，但是你這麼做，對飯店真的有好處嗎？」

飯店經理聽到這番話，露出好奇的神情。

卡內基解釋道：「你提高租金，讓我不得不去另外找其他便宜的場地。這樣你可以把大廳以更高的價錢租給別人，對飯店來說或許真的有好處。但是萬一大廳的場地沒有辦法順利租出去，飯店的收入反而會因此而減少。另外，來上我的課的人，當中不乏許多受過高等教育、知識水準高，又有社會地位的人，他們來到這家飯店，無疑是一種再好不過的免費宣傳，就算你花五千美元在報紙上登廣告，恐怕也沒有辦法吸引這麼多有頭有臉的人來光臨這家飯店，更別提他們之後將會向多少人介紹這家飯店，爲飯店帶來多大的宣傳效益，這對飯店來說，難道不划算嗎？」

卡內基說完以後，便起身告辭了。

第二天，卡內基就收到了飯店寄給他的信，信上通知他租金只些微上漲百分之五十，而不是一開始暴漲的三倍價錢。

德國心理學家馬克·拉莫斯曾經提醒我們：「不管贊成或者是反對某件事，兩種意見總是會有大量的理由。語言的藝術就在於你如何充分地表達，但是百分之九十九的人，卻經常忽略說話的重要性。」

最高明的談判手腕往往使得不著痕跡，卻又牽著對方的鼻子

走。

　　就像卡內基一樣，古往今來熟諳這種高明談判手段的人，通常會站在對方的立場分析利弊，輕鬆地達成自己的目的。

　　卡內基的真正目的，其實就是希望飯店收取少一點的費用，但是他沒有直接說出他的要求，也沒有怒氣沖沖地和飯店經理理論「現在才說要漲價究竟合不合理」的問題，只是站在敵人的立場，為敵人尋找最有利的策略，也順便達成了自己的目的。

　　以對方的利益為出發點，非但不容易遭人拒絕，而且往往可以讓人在不知不覺的情況下，被你牽著鼻子走。

　　想要說服別人，光講道理是沒有用的，還要站在對方的立場，儘量為對方的利益著想，如此才能打動人心，達到你真正的目的。

換個角度，就能找到出路

只要換一種角度，把阻礙視為「墊腳石」，自然可以順利超越障礙。越早收拾好情緒，就能越早開始動身往上爬。

遇到危險的時候，害怕、憂慮、難過、憤恨……等等情緒都是很正常的，但是你不能一直沉浸在這些情緒當中。

你越快恢復冷靜，就能越快想出辦法；越早收拾好自己的情緒，就能越早開始動身往上爬。

有一天，某個農夫的一頭驢子，不小心掉進一口枯井裡。

農夫絞盡腦汁想要救出這頭驢子，但是幾個小時過去了，驢子依舊還在井裡痛苦地哀嚎著。

最後，這位農夫決定放棄，他想，這頭驢子年紀大了，就算大費周章地把牠救出來，也沒有多少時日可活了。反正這頭驢子橫豎都要死，不如讓牠死得痛快一點吧。

於是，農夫請來左鄰右舍幫忙，大家一起剷土，準備把井中的驢子埋了，好讓牠早死早超生。

眾人各自拿著一把鏟子，把泥土剷進枯井之中。當這頭驢子認知到自己的處境時，不禁哀嚎得更大聲了。然而，出人意料之外的是，不一會兒以後，這頭驢子漸漸安靜下來。

農夫好奇地探頭往井底一看，眼前的景象實在太驚人了！

原來，當泥土落在驢子的背部時，驢子便把身上的泥土抖落在一旁，然後站到剷進的泥土堆上面。

剷進的泥土越多，井裡的泥土堆也堆得越高，很快地，這頭驢子便隨著泥土堆慢慢升高，得意地上升到井口，然後用力一躍，跳出了井外。

換個角度，就能找到出路。驢子用牠自己的方式，為自己贏得了生命，也創造了奇蹟。

和驢子一樣，我們也難免會陷入生命的低谷，把自己困在枯井裡。這個時候，應該要慶幸，好在自己身處的是枯乾的井，而不是深不見底的水井，好在自己還活著，還能夠做些什麼。

雖然在枯井裡，我們必須忍受各式各樣的泥沙傾倒在我們身上，但是只要換一種角度，把這份阻礙視為「墊腳石」，把壓力化作助力，自然可以順利擺脫泥沙，超越障礙。

當然，這並不容易。當泥沙不斷掉落到頭上時，我們怎能不感到恐懼、害怕？我們怎麼能夠忍著不抱怨、不哭泣？

然而，要知道，你花越多時間害怕，就剩下越少時間準備，你用越多力氣哭泣，就剩下越少力氣出擊。

你不比故事中的驢子笨，也不比牠沒有價值，但是驢子在遭遇逆境時，很快就恢復平靜，努力尋找解決的方法，而你還打算要哭多久？

別再去想自己有多不幸了，不如換個角度，想一想要怎麼擺脫不幸，找到出路不是比較實際嗎？

別讓智慧成為紙上談兵

智慧是從生活中一點一滴累積而來，並且也是不斷成長的。如果滿足於現狀而不求進步，那麼這個寶庫只會慢慢地流逝。

有個巧妙的比喻是這樣說的：「書本就像降落傘，打不開也沒有用。」

知識是開啓人生旅程的鑰匙，書本則是走向智慧殿堂的道路。具備豐富的知識，可以讓觀察力更敏銳，處理事情也能更有效率；閱讀書籍則能增廣見聞，讓自己的學識更加淵博。

但是知識是死的，人是活的，如果不會思考、運用，再多的知識也只是「打不開的降落傘」。

並非所有的書籍或知識都是正確的，所謂「盡信書不如無書」，吸收學習的過程也要學會判斷，做到真正的「開卷有益」。

從前有一隻烏龜認爲世界上最長壽的動物非自己莫屬，因此必須讓自己更加偉大。

牠左思右想，要怎樣做才能達成願望呢？做一件轟轟烈烈的大事？征服世界上最高的山？還是賺很多很多的錢？

後來牠終於想到了，只有智慧才能戰勝一切，因此牠要當世界上最有智慧的動物。從那天起，烏龜開始周遊列國，到處尋找

智慧，並將收集來的智慧全都裝在葫蘆裡。

　　牠希望能獨佔全部的智慧，這樣一來，不管是誰，不管遇上多麼小的問題，大家都必須請教牠，甚至可以收費做生意，順便賺上一大筆錢，讓自己不但聰明，還很富有。

　　每當烏龜又找到一個智慧時，便就將樹葉捲成的蓋子小心翼翼地打開，深怕智慧一不注意就從葫蘆裡溜出來。就這樣過了好多年，有一天，牠覺得自己已經收集完世界上所有的智慧，便決定要將這個葫蘆藏到所有人都找不到的地方去。於是牠將葫蘆抱在胸前，往海底游去，打算將葫蘆藏在海底最深處。當牠游到海底，好不容易挖出一個洞時，突然一陣激烈水流沖來，葫蘆又被帶回到水面上。

　　烏龜覺得藏在海底不安全，於是便帶著葫蘆回到陸地，坐在石頭上沉思。微風吹過，一片葉子落在牠身上，牠突然大叫了一聲：「就將葫蘆藏在全世界最高的山上，這樣誰也拿不到了！」

　　說完烏龜馬上提起精神，往山的方向走去。牠來到山腳下，看著一塊塊大岩石，就用一根繩子將葫蘆綁起來，掛在脖子上，然後開始往上爬。

　　當牠努力地想跨出第一步時，葫蘆卻垂到肚子前面，妨礙牠爬山，就這樣試了很多次，連一塊大石頭都爬不上去。

　　這時候，有一位坐在路邊休息的旅人開口了：「你為什麼不把葫蘆掛在背上呢？這樣不就好爬多了。」

　　原來他已經在那兒看了好一陣子，終於忍不住開口建議烏龜。

　　烏龜一聽，才驚覺到世界上還遺留著好多的智慧，這樣辛苦地蒐集，只是白費力氣，因此牠就把葫蘆往地上一摔，智慧也碎成一小片一小片，隨著風飛向了全世界。

　　德國哲學家費爾巴哈說：「沒有智慧的人就會受人欺騙，被人迷惑，任人剝削。只有充滿智慧的人，才是自由和獨立的人。」

　　智慧是從生活中一點一滴累積而來，並且也是不斷成長的，就像有生命的植物，只要用心照顧，勤於灌溉，也會開花結果。如果滿足於現狀，而不求進步，那麼這個寶庫只會慢慢地流逝。

　　囤積智慧，要適度開封使用，最少要知道東西放在哪裡，否則就會像烏龜一樣，花費許多時間收集，卻不知適時應用，最終只換來一場空。當然，牠的努力並非完全白費，至少從中學到了：「智慧是無窮盡的。」

展現自己，
才能推銷自己

當你很想要抓住一個機會時，

不要只是空口說白話，記得先問問自己，

是否能夠再多做一些什麼？

生理飽足，心靈就會滿足

人們都需要一種踏實、充足的感覺，只要能抓到竅門，就能拉近彼此的距離，讓關係更加親密。

飲食是籠絡人心的有效方法，所以有這樣一句話：「抓住男人的心，先抓住他的胃。」

填飽肚子是幾千年來生物最原始的本能，生命會尋找可以生存的方向前進。在這個物質充裕的年代，這種方式可能沒有以往好用，但還是有它無可取代的功能存在。

因為，生理飽足，心靈就會滿足。

清康熙年間，著名的文人朱彝尊不僅學識深邃，而且儒雅風流又詼諧，閒來無事也喜歡捉弄人。

他曾經和一位道士交遊密切，道士觀中有兩株枇杷樹，遠近聞名。每當枇杷成熟時，道士總不忘請朱彝尊前去品嚐。

枇杷的味道絕佳，而且無核，朱彝尊對它懷著濃厚興趣，想找出培育的訣竅。

有天，朱彝尊問道士：「這枇杷是什麼品種，居然這麼好？」

道士回答：「這是仙種。」

說完之後，道士就不再開口了。

朱彝尊知道道士最愛吃蒸豬蹄膀，一天，特意請道士來家吃蹄膀。道士來到朱家，只見一個僕人提了一只豬腿從身邊走過。誰知，才過了一會兒時間，熱騰騰的蒸蹄膀就上桌了。

這蹄膀吃起來又爛又酥，肥而不膩，非常鮮美可口。這樣短的時間便能蒸爛豬蹄膀，而且十分入味，讓道士感到詫異，便向朱彝尊請教妙法。朱彝尊故作猶豫地回答說：「想知道方法倒也可以，只要用你的無核枇杷種交換便行！」

道士說：「要種出無核枇杷說來簡單，只要在枇杷開花的時候，把花中間的一根花蕊拔去就成了。」

朱彝尊說：「我的蒸蹄法更簡單了，現在吃的是昨天晚上蒸好的，剛買來的豬蹄膀還沒下鍋呢！」

無論是國家大事、商場生意、工作規劃、人際來往，甚至是告白、求婚等等，常常都是在餐桌上完成的。

因此，我們常常可以聽到，某某老闆請客戶上餐廳談事情，或者用請客的方式作為答謝，設宴向某人賠罪等等情形。

這是因為人們在用餐的時候，心情會比較放鬆。

填飽了肚子，血糖全跑到胃部，精神也會比較渙散，對別人的警戒心、自我防衛的本能也會降低。

朱彝尊就是利用這種方式，讓道士跳進他的圈套中。道士因為酒足飯飽，觀察力不足，再加上心情愉悅，更容易接納對方的一切言行，沒注意到事情背後的蹊蹺，輕易將自己如何栽種無核枇杷的秘訣說了出來。

人們都需要一種踏實、充足的感覺，只要能抓到竅門，就能拉近彼此的距離，讓關係更加親密。

展現自己，才能推銷自己

那些整天抱怨自己懷才不遇的人，追根究底，是因為他們的才華無法讓人看見，但是，這又是誰的責任呢？

在這個競爭激烈的社會，想要推薦自己，不是自吹自擂就夠，更要拿出實際的行動來才行。

短短幾分鐘的面談，很難真正讓人看見你的才能，但是善用一些別出心裁的表現方式，就一定能夠讓人見識到你的誠意。

當你很想要抓住一個機會時，不要只是空口說白話，記得先問問自己，是否能夠再多做一些什麼？

美國有一位大學畢業生，從小就希望能夠進入一間知名的報館工作。只是，報業連續好幾年都不景氣，公司縮編裁員都來不及了，更別說僱用一名初出茅廬、毫無經驗的社會新鮮人了。

這名年輕人親自來到這間報館，準備推薦自己。

他找到一位經理，問道：「你們需要一個好編輯嗎？」

經理毫不留情地說：「不需要！」

年輕人退而求其次地說：「那麼，你們需要一個好記者嗎？」

經理不耐煩地說：「不需要，我們現在什麼空缺也沒有！」

「這樣啊……那麼，你們一定非常需要這個東西。」年輕人

邊說邊拿出一塊精緻的牌子，上面寫著：「額滿暫不僱用。」

經理看了，覺得眼前的小伙子很有意思，也很有創意，便立刻打電話把這件事情告訴老闆。

幾分鐘以後，他笑嘻嘻地對這位年輕人說：「如果你願意，請到我們的廣告部工作。」

就這樣，年輕人靠著不放棄的精神以及出色的幽默感，成功地推薦了自己，得到夢寐以求的工作機會。

後來，他成了那家報館的廣告部經理，使報紙每日的銷售量從五萬份提高到三十多萬份。

故事中的年輕人採用了非常特別的自我推銷手法，不是三顧茅廬，也非一再請求，而是把面試的機會當成一次展現創意的舞台，用幽默感為自己包裝，在對方心目中留下深刻的印象。

當你很希望得到別人的欣賞與肯定時，不要認為別人能夠光憑外表就看出你的潛力，必須把握每個能夠表現自己的機會。

那些整天抱怨自己懷才不遇的人，追根究底，是因為他們的才華無法讓人看見，但是，這又是誰的責任呢？

別人欣不欣賞你，不是你可以掌握，也不是你可以控制的。但是你是否用心展現自己的才能，卻能夠操之在己。

知名的哲學家黑格爾曾經說過：「人應尊敬他自己，並應自視能配得上最高尚的東西。」

不要看輕自己的能力，要相信自己能得到最好的，然後盡情展現才華，那麼，很快你就有機會出人頭地。

幫助人的回報往往意想不到

雖說幫助別人應該要不求回報,但事實上,幫助別人往往都會得到意想不到的回報。回報有可能是現在,也有可能是以後。

一個成功的人,相信所有人都可能會像他一樣成功。而一個失敗的人,則相信自己絕對不是世界上最失敗的那個人。

有人曾訪問過一百位白手起家的百萬富翁,發現他們都有一個共同的特點,那就是他們都是良好的發現者,能夠發現其他人沒有看見的,也能夠適時幫助具有發展潛力的人。

有一次,一位紐約商人在上班途中,把一枚一元硬幣丟進路邊一個賣鉛筆的人的杯子中,然後便匆匆忙忙地踏進地鐵站。

等地鐵的時候,他老是覺得心裡怪怪的,心想剛才這麼做似乎有點不妥。於是,他又走出地鐵站,走回賣鉛筆的人那裡,取走幾枝鉛筆。

他滿懷歉意地解釋說,剛才他在匆忙中忘記取走鉛筆,希望不要介意。

「畢竟,你跟我一樣都是商人。你有東西要賣,而且上面也有標價。」商人很有禮貌地說,然後便搭下一班車走了。

幾個月以後,在一個隆重的社交場合,一位穿著整齊的推銷

員走到這個商人身邊，自我介紹說：「你可能已經忘記我了，而我也不知道你的名字，但是我永遠忘不了你，你就是那個重新給我自信的人。我一直是一個銷售鉛筆的乞丐，直到你跑來找我，並說我是一位商人為止。」

說來有趣的是，後來這位商人的事業遇到了瓶頸，還靠這位昔日乞丐的幫忙，才得以把倉庫裡所有的存貨推銷出去。

一名成功的創業家曾經這麼說：「我相信每個人都有無比的潛能，只要我能夠從心理上、身體上、道德上與精神上幫助他們，那麼他們一定也會在相同的基礎上，為我建立生意，幫助我賺更多的錢。」

雖說幫助別人應該要不求回報，但事實上，幫助別人往往都會得到意想不到的回報，有可能是結交到一個好朋友，有可能是接到一宗大生意。

回報有可能是現在，也有可能是以後。

幫助一個人，就像投資股票一樣。

在他還沒有起飛之前，你幫助他，他會感激你一輩子。但若等到一個人成功以後才向他示好，屆時，根本輪不到你來幫助他，而他也不可能會反過來幫助你。

自大驕傲的人最可笑

做人要「曖曖內含光」，當我們向上一步，就要更懂得謙虛，才不會成為空有外殼沒有內在的可笑之人。

為什麼有的人一旦獲得權勢、財富、地位之後，便開始看不起別人，忘了自己是從最底層辛辛苦苦爬到今天的地位？

因為，這種人認為自己有能力達到這一步，那些在底下求生存的人只是不願意努力、不願意改變生活環境。

可是，這種人卻忽略了一點，並不是每個人都有好的環境、機遇、才華和運氣，並不是每個人追求的目標都相同。

清代有名的經學家、史學家同時也是文學家畢秋帆，是江蘇省鎮江人，與司馬光的《資治通鑑》相媲美的《續資治通鑑》就是由他編纂。

乾隆三十八年，畢秋帆任陝西巡撫，赴任的途中經過一座古廟，於是入內休息。侍衛入內通報巡撫大人駕臨時，坐在佛堂上唸經的老和尚，既不起身，也不開口，只顧著繼續唸經。

英年得志的畢秋帆，見老和尚這般傲慢，心裡很不是滋味。

老和尚唸完經後，才離座起身，合掌施禮，說道：「老朽適才佛事未畢，有疏接待，還望大人恕罪。」

畢秋帆說：「佛家有三寶，老法師爲三寶之一，何言疏慢？」隨即，畢秋帆上座，老和尚側坐相陪。

交談中，畢秋帆問：「老法師所誦何經？」

老和尚說：「《法華經》。」

畢秋帆說：「老法師一心向佛，摒除俗務，誦經不輟，這部《法華經》想來應該爛熟如泥，不知其中有多少個阿彌陀佛？」

老和尚聽了，知道畢秋帆心中不滿，有意出題難他，於是不慌不忙，從容地答道：「老朽資質駑鈍，隨誦隨忘。大人是文曲星下凡，屢考屢中，一部《四書》想來也應該爛熟如泥，不知其中有多少『子曰』？」

畢秋帆聽了先是一愣，接著便大笑出聲，對老和尚的回答極爲讚賞。

獻茶之後，老和尚陪畢秋帆觀賞菩薩殿宇，來到一尊歡喜佛像前，畢秋帆指著歡喜佛的大肚子對老和尚說：「你知道他大肚子裡裝的是什麼嗎？」

老和尚馬上回答：「滿腹經綸，人間樂事。」

畢秋帆不由得連聲稱好，問道：「老法師如此捷才，取功名容易得很，爲什麼要拋卻紅塵，皈依三寶？」

老和尚回答：「富貴有如過眼煙雲，怎麼比得上西方一片淨土？」

兩人又一同來到羅漢殿，殿中十八尊羅漢各種表情、姿態栩栩如生。

畢秋帆指著一尊笑羅漢問老和尚：「他笑什麼呢？」

老和尚回答說：「他笑天下可笑之人。」

畢秋帆一頓，又問：「天下哪些人可笑呢？」

老和尚說：「恃才傲物的人，可笑；貪戀富貴的人，可笑；

倚勢凌人的人，可笑；鑽營求寵的人，可笑；自作聰明的人，可笑⋯⋯」

畢秋帆聽到這裡，連忙打斷他的話說道：「老法師妙語連珠，針砭俗子，老夫領教了。」說完深深一揖，帶領僕從離寺而去。

一旦被名氣、身分迷戀，人就特別容易頤指氣使，雖然有錢有勢，卻無法獲得人們打從內心表現出的真正尊重。同樣的，即使是個學富五車之人，只要恃才傲物，都可能步上同樣後塵。

老和尚所言的那些可笑之人，就常常是我們身邊的人，甚至無形當中，我們都成了其中一員。

做人要「曖曖內含光」，當我們向上一步，就要更懂得謙虛，才不會成為空有外殼沒有內在的可笑之人。

別因為讚美而使成就終止

 我們可以接受別人的讚美，增加自己的信心，但也要從讚美中更勉勵自己努力向上，讓這些讚美名副其實。

　　曾經看過一種很有趣的說法，「讚美」就像將飼料放在狗面前一樣，只要你能讓狗接受你的「讚美」而接近你，接下你來要怎麼對付牠、用什麼方法料理牠，都隨你高興了。

　　面對那些趨炎附勢的人，也是同樣的道理，如果你沉迷於他們的「諂媚」，便會忘了自我，分不清是非對錯，最後能接近自己的只剩一群想分一杯羹的酒肉朋友。

　　宋代有位學者名叫石才叔，寫得一手好文章，平時博覽群書，見多識廣，且收藏許多圖書的真跡珍品。當時在長安做統兵官的文彥博，聽說石才叔家藏有唐代著名書法家褚遂良的親筆字帖《聖教序》，便親自到石才叔家請求借回一閱，石才叔欣然允諾。文彥博將字帖拿回家中後，反覆欣賞揣摩，看了又看，愛不釋手，索性叫家裡的弟子臨摹一本。

　　有一天，文彥博設宴招待幕僚、部下和幾個朋友，大家飲酒聊天，高談闊論，興致頗濃，文彥博便叫家人拿出兩本《聖教序》字帖讓客人欣賞，還讓他們辨認這兩本《聖教序》的真假。

那些客人們個個伸出大拇指，極力吹捧文彥博的臨摹本是真的，如何如何珍貴，反而指著石才叔的收藏本說是假的。

當時，石才叔也在座，見此情景，不說一句爭辯的話，只是笑著對文彥博說：「今天，我才真正知道自己地位的低下。」

文彥博聽了哈哈大笑起來，席上的客人們個個滿臉通紅，羞愧不已。

石才叔委婉地諷刺了那些勢利的客人們，主人文彥博打從心底與石才叔有同感，所以哈哈笑了起來，這正是對那些趨炎附勢之人的一種嘲笑。

面對別人的讚美，即使內心明白這只是一種奉承，大部分的人還是愉快且期待的，沒有人不喜歡聽讚美的話。有些人的讚美技巧非常高超，可以讓人聽了舒舒服服，恰到好處。有些則過於阿諛諂媚，讓人覺得有點虛假。但是不論哪一種，只要講久了、聽多了，還是會讓人信以為真。

如果文彥博接受了那些賓客的讚美而自得意滿，就再也無法和石才叔之類真正有才華、有人品的人來往了，因為他的眼裡將只有自己。

讚美和諂媚只有一線之隔，很難定出一個真正的界線。我們可以接受別人的讚美，增加自己的信心，但也要從讚美中更勉勵自己努力向上，讓這些讚美名副其實。

順應自然，才能掌握人生

我們真正需要的，是知道自己在做什麼、要什麼，如此才能認真、專注，用最自然的狀態面對每一件事。

走在繁忙的都市街頭，你是否覺得自己不得不跟著人潮，不停往前走，沒有任何猶豫的空間？

汽車猛按喇叭、騎士東穿西鑽，大家都想抓住流逝的每一秒。得到了那一秒後，卻又突然陷入空白，不知道這樣做有什麼意義。

這樣混亂、焦躁的環境對生活不會有太大的幫助，因為我們無法讓自己完完全全靜下心，體會真正的人生。

楚國有位釣魚高手名叫詹何，釣魚方法與眾不同。他使用的釣魚線只是一根單股的蠶絲繩，釣魚鉤是用如芒的細針彎曲而成，釣魚竿則是楚地出產的一種細竹。憑著這一套釣具，再用剖成兩半的小米粒作釣餌，用不了多少時間，詹何從激流之中釣出的魚便可以裝滿一輛大車。回頭再去看他的釣具，釣魚線沒有斷，釣魚鉤沒有直，甚至連釣魚竿也沒有彎！

楚王聽說詹何竟有如此高超的釣技後，十分稱奇，便派人將他召進宮裡詢問垂釣的訣竅。詹何答道：「我聽已經去世的父親說過，楚國過去有個射鳥能手，名叫蒲且子。他只需用拉力很小

的弱弓，便能將繫有細繩的箭矢順著風勢射出去，一箭就能射中兩隻正在高空翱翔的大鵬鳥。父親說，這是由於他用心專一、用力均勻的結果。」

「於是，我學習他的辦法來釣魚，花了整整五年的時間揣摩其中奧妙之處，終於完全精通了這門技術。每當我來到河邊持竿釣魚時，全身的精力只關注於釣魚這一件事，其他什麼都不想。全神貫注，排除雜念，拋出釣魚線、沉下魚鉤時，做到手上的用力不輕不重，絲毫不受外界環境的干擾。這樣，魚兒見到我魚鉤上的釣餌，便以為是水中的沉渣和泡沫，毫不猶豫地吞食下去。因此，我在釣魚時就能做到以弱制強、以輕取重了。」

我們的心無時無刻都處於混亂、焦躁之中，就像害怕失去什麼一樣，無法停止活動。我們隨時都要有聲音陪伴，因此人手一個MP3播放器，否則突然無聲，便會陷入恐懼。

其實，我們真正需要的，是知道自己在做什麼、要什麼，如此才能認真、專注，用最自然的狀態面對每一件事。

就像詹何一樣，他讓自己和魚線、魚鉤及流水融為一體，隨著每一道水波浮動，用「心」釣魚。這種最高境界的釣魚法，就像天地萬物依著大自然的法規來生活一樣。

別只用外表撐場面

一個沒有內涵，只靠外在裝飾的人，不可能受到人們的推崇。當有一天外在的條件全都消失之後，人們將會將他遺忘。

　　我們都知道，正牌的名牌包跟盜版的名牌包雖然外表相似，但實質上卻有很大的落差。

　　撇開價錢不談，光是製造材料和剪裁質感，就能看出兩者之間的不同，更不用說使用者的愛惜程度。

　　仿冒包在光鮮亮麗時，或許還能獲得重用，但那只是短暫的，等到用膩了、髒了，隨手丟棄也不會覺得可惜。

　　一只空布袋躺在走廊的地板上，人們從旁邊經過的時候，常常順手拿它來擦擦靴子；有時候地板上有水漬，也會拿它來吸吸水。這只空布袋愈來愈髒，還發出潮濕的臭味來。

　　直到有一天，它的裡面突然被金盧布塞得滿滿的，於是馬上身價飆漲，成了主人寵愛的寶貝，被鄭重地收藏進了保險櫃，連蒼蠅也飛不進去。主人經常把它拿出來擺闊，弄得全城的人都知道有這樣一只布袋。

　　有朋友來了，主人就談論他的袋子，好像這個袋子就是他的性命。袋子也時常被打開，人人都伸長脖子向袋子裡邊瞧，而且

總是小心翼翼地伸出手，慎重且溫和地撫摸它好幾下，或者熱情地用手指彈它幾下。每個人都希望能把這只布袋帶回家珍藏。

袋子看到大家對自己如此推崇，就神氣活現、自以為是、驕傲自大了起來，開始說起荒謬絕倫的大話。

而且，它還喜歡亂下嚴酷萬分的評論：「那可不行！」「他是蠢才」以及「你等著瞧吧，一定會糟糕！」等等。

雖然它說的都是蠢話，大家卻張大了嘴巴聽著它整天胡言亂語。人們都有相同的毛病：不論錢袋說什麼話，即使十分愚蠢可笑，也會引起大家的共鳴，紛紛拍手叫好。

日子一天一天過去，布袋正為自己受人歡迎而得意時，裡面的金盧布突然被拿得一個也不剩。

接著，布袋就被人扔掉，立刻被所有人遺忘了。

一個沒有內涵，只靠外在裝飾的人，是不可能永遠受到人們讚賞、推崇的。有一天外在的條件全都消失之後，人們將會狠狠將他遺忘，就如同故事中的布袋一樣。

或許我們都如同這個平凡的布袋，總是被堆放在角落不受人重視。如果有一天，突然有人注意並且重用自己時，又該怎麼做才能讓自己的價值不滅，不被丟回不起眼的一角呢？

那就是讓自己成為貨正價實的名牌包！

唯有讓自己成為真正的名牌包，設法培養自己的內涵和能力，才能持續得到人們的珍惜。

想要當個放在玻璃櫥窗裡展示的名牌包，還是擺在路邊地攤上販賣的仿冒包，相信大家的心裡都有一個肯定的答案！

保持理性，以免落入陷阱

 面對自己的敵手，必須抱持著謹慎的態度，可以參考對方的意見，但是必須加上理性的思考，才不會落入致命的陷阱。

　　去買水果時，常常會聽到婆婆、媽媽們最常問老闆的一句話是：「這水果甜不甜呀？」

　　十個有九個老闆會回答：「甜呀！包甜！」

　　唯一一個不打包票的老闆，不是和顧客有很好的交情，就是非常有良心，才會暗示哪些水果比較甜。要不然，他們怎麼開門做生意！

　　附近所有的池塘都是魚鷹打獵的場所，魚塘和水池是供應牠們食宿的最佳區域，魚鷹群們過著舒適的生活。

　　但是經過魚鷹長期的掠取，魚群數量愈來愈少，原有輕鬆覓食的狀況漸漸難以維持。一些年紀大的魚鷹漸漸體力衰退、老眼昏花，看不清水底的狀況，無法捕魚，常常必須忍受飢餓的煎熬。該怎麼辦呢？

　　為飢餓所迫，萬般無奈的情況之下，一隻老魚鷹想出了一個好計謀。

　　魚鷹在池塘邊看見一隻蝦，便對牠說：「我的好夥計，我有

一個重要的消息要告訴大家。大禍將要降臨到你們頭上了！一星期後這個池塘的主人就要下網捕捉全部的魚蝦。」

蝦聽說之後便急急忙忙向大家通報，一時之間滿塘風雨，一片驚慌。水族動物全跑了出來聚在一起討論，最後牠們選一位代表和老魚鷹面談。

「魚鷹大人，您這消息是打哪兒來的？您說的靠得住嗎？您有救我們的辦法嗎？我們應該怎麼辦才好呢？」

「換個地方。」老魚鷹擺出毋庸置疑的神情答道。

「可是我們該怎麼換呢？」

「你們不用操心，我可以把你們帶到我住處附近的魚塘，只有上帝才知道這條路，世界上沒有比那兒更隱密的地方了。這是一個自然生成的魚塘，是歹毒的人類不知道的場所，這個魚塘能讓你們全體獲得新生。」

大家都相信了老魚鷹的話，於是水族們被一一帶到一塊人跡罕見的岩石底下，在這裡，老魚鷹這個偽君子把牠們全都安置在一條狹長的水坑裡。

這裡水淺見底，年老的魚鷹要逮住牠們真是唾手可得、隨心所欲。老魚鷹們再也不用挨餓了。

根據觀察，那些老愛說「我不會騙人」、「我沒有說謊」的人，通常是最老練的騙子。

因為一個老實的人，只要行得正、坐得端，就不怕他人的考驗，又何必時時將「我不會騙人」這種話掛在嘴邊呢？

或許你會感到很疑惑，為什麼愛說謊的人可以毫無羞恥、理直氣壯地說出「我沒有說謊」、「我沒有騙人」這種話，即使謊

言被戳破還死不承認？

　　因為這已經成為他們的習性，他們並不認為這是錯誤的行為。

　　對於這種人，我們除了無可奈何外，只能小心防範。

　　該如何防範這種人呢？

　　故事中，魚鷹很明顯是水族的敵人，牠會主動通知水族危險的訊息，通常是別有所圖。即使牠說的是真的，也只是擔心水族會被人類抓光，自己的食物就沒有了著落。

　　面對自己的敵手，必須抱持著謹慎、懷疑的態度，可以參考對方的意見，但是必須加上理性的思考、客觀的求證，才不會落入致命的陷阱。

謊言帶來的利益只是一時

沒有人喜歡和不誠實的人打交道，狡猾的聰明人也許可以佔得一時便宜，但是唯有忠厚的老實人才可以一生都蒙福。

所謂的誠實，就是選擇「對」的事情去做，而不是選擇「聰明的」。

誠實的人，也許在選擇誠實的當下會錯過一些看似美好的機會，但是最終都會得到最甜美的回報。

法國曾有一位賢明的國王，把國家治理得井井有條，深受人民愛戴。

國王的年紀逐漸大了，但是膝下始終沒有子女，為了找尋自己的接班人，決定在國內挑選一個孩子，收為義子，以後把王位傳給他。

國王選孩子的方式很特別，他發給全國每一位孩子一些花種子，只要誰可以用這些種子培育出最美麗的花朵，那麼誰就可以成為他的義子。

孩子們領回種子後，開始用心地培育這些花種，大家都希望自己能夠成為國王的兒子。

其中有個小男孩名叫哈定，也花很多時間用心種花。

只是，十天過去了，花盆裡的種子遲遲不肯發芽。一個月過去了，花盆裡依舊一點動靜也沒有。

哈定急忙前去請教專家，按照專家的建議，把土換成新的，但是依然無效。

然而，國王賞花的日子已經到了。

許多孩子捧著鮮花盛開的花盆，排列在街道上，期盼國王的青睞。只有哈定，端著一只空花盆，哭喪著臉站在角落中，國王卻一眼就見到了哈定。

他把哈定叫到跟前，問他：「你為什麼端著空花盆呢？」

哈定把自己如何精心栽種，但是花種卻怎麼也不發芽的經過誠實地說出來，還說，他覺得這是報應，因為他曾經在別人的花園中偷摘過一朵花。

沒想到國王聽了以後，卻露出笑容，拍了拍哈定的頭說：「好孩子，我要找的就是你！」

為什麼會這樣呢？

國王說：「我發給大家的花種全都是煮過的，根本不可能發芽開花。」

其餘捧著鮮花的孩子全都低下了頭，他們全都偷偷用別的種子取代了國王發下的花種。

我們從小就被教導要誠實，但是成長的經驗卻告訴我們，有的時候，狡猾一點反而可以逃避許多責任義務，獲得更多好處。

沒錯，不誠實的結果有時的確會比誠實更好，但問題在於，做人不可以永遠都不誠實。

一旦你被別人發現曾經說謊、曾經不誠實，就很難再次得到

別人的信任。

　　儘管那一次的說謊，可能是你逼不得已的選擇，可能是你唯一一次不誠實的經驗，但人們已經對你留下不誠實的印象。

　　人們總是會相信，你可以在這件事上面說謊，就可以在別件事上作弊。

　　因此，誠實並不是「大多數時候」要遵守的美德，而是「每一分每一秒」都應該持守的習慣。

　　沒有人喜歡和不誠實的人打交道，狡猾的聰明人也許可以佔得一時便宜，但是唯有忠厚的老實人才可以一生都蒙福。

想投機取巧，
小心讓自己摔跤

靠著好運，或許有人可以憑空得到錢財，

但學問這東西卻絕對不可能平白送到人手中。

錢財易得，學問難得。

面對餿主意，要善用判斷力

> 每個人其實都有成為專家的潛力，因此，在尊重專業的同時，面對明顯的餿主意，也應該善用自己的判斷力。

文森特・皮爾曾說：「應該睜大眼睛瞪著問題，衡量問題的大小，對它進行分析，那時你就會覺得問題並不如它外表看起來那樣可怕。」

但是，處理問題的關鍵就在於，當我們面對它的時候，千萬別為了急於解決，而試圖用另一個問題來解決它，因為，如此一來不但無法徹底解決問題，反而會讓問題越滾越大。

越是棘手的問題，越不能為了迅速解決而製造出新的問題，或者試圖用新問題解決舊問題。

更重要的一點是，面對所謂專家的建議，一定得保持自己的判斷力，千萬不要誤信餿主意。

一個農夫把裝有半罐玉米的大罐子放在院子裡，院子裡的山羊見了，把頭鑽進罐子裡偷吃玉米，沒想到飽餐一頓之後，山羊發現自己那副長角被罐子卡住，無論怎麼使力，也沒有辦法將自己的頭從罐子裡拔出來。

農夫見了，驚訝得不知該如何是好，只好找來村子裡號稱最

聰明的村長，希望他可以想辦法解決這個難題。

村長騎著馬來到農夫家裡，但因爲農夫家的門太低，馬沒有辦法進去，村長便叫農夫把門拆掉，好讓馬順利進入。

大門拆除以後，村長來到院子裡，看見山羊頭上頂著個大罐子，便對農夫說：「這還不簡單，只要你將山羊的頭砍下來，問題不就解決了嗎？」

農夫聽了，立刻找來一把大刀，迅速將羊頭砍下來。

這麼一來，羊腦袋和羊的身體雖然分了家，山羊角卻依舊還卡在罐子裡。

村長看見農夫一臉苦惱的樣子，便又出主意說道：「這有什麼好煩惱的呢？你只要拿石頭將罐子打破，不就什麼問題都沒有了嗎？」

農夫再次依照村長的餿主意行事。這下子，山羊死了，罐子砸碎了，罐子裡的玉米也灑了一地。

愛因斯坦曾說：「*所謂的專家，不過是訓練有素的狗。*」

既然只是狗，怎能期待他們表現得多麼優秀？

即使是訓練有素的專家，都可能會出錯，更何況是那些沒受過訓練、滿腦子餿主意的假專家呢？

這年頭，社會上充滿了「專家」，什麼美食專家、股市專家、房市專家、理財專家，甚至還有卡債專家……，幾乎只要臉皮夠厚，人人都可以自稱是專家。

究竟怎麼樣的人才可以被稱爲專家？除了經驗多一點、學歷高一點、口才好一點、臉皮厚一點之外，專家其實也和一般人沒什麼兩樣。

那麼，又何必如此相信權威呢？

社會普遍的迷信權威心態，反應出人們欠缺思考能力，也對自己缺乏自信，才會不斷被一些小事折磨。

大部分人寧願聽從「專家學者」不負責任的評論，以及頭痛醫頭、腳痛醫腳的建議，也不願意自己下判斷，這是一個值得正視和深思的現象。

每個人其實都有成為專家的潛力，因此，在尊重專業的同時，面對明顯的餿主意，也應該善用自己的判斷力。

更要記得一點，這個社會是屬於大家的，不只是屬於那些所謂的專家，太相信專家，小心變成大輸家。

話說得太快，只會帶來災害

 說出去的話就像潑出去的水一樣，你可能會淋濕別人，也很可能會淋濕自己。

說話說得恰到好處，可以廣結善緣，但若說話的時機不對，就很可能變成「狗嘴吐不出象牙」。

因此，應該時時警惕自己，說話不要說得太快。就算習慣了快人快語，頭腦運轉的速度也要比說話的速度更快。

一天，有個人到市場上買馬。

賣馬的人對買主說：「我這匹馬訓練有素，只要你說聲『感謝上帝』，牠馬上就會向前奔跑；如果說聲『阿門』，牠就會立刻停下來。你要記住這兩句話，千萬不要弄錯啊！」

買主聽了，不以為然地笑說：「那是你們這些門外漢的無稽之談吧！我養馬的經驗很豐富，相信我即使不說這兩句話，馬也會聽我的！」

說完，買主立刻付了錢，騎上馬背朝馬的肚子用力地踢了一腳。馬受到刺激，瘋狂地往前飛馳，而且越跑越快。買主連忙大喊：「停！停！」只是，馬根本不理不睬，反而益發拼命地向懸崖奔去。

在這危急萬分的時刻，買主想起了賣馬人的話，只好照著他的叮嚀，放聲大叫：「阿門！阿門！」

此話一出，果然奏效，馬發出一聲長嘶，停下腳步。此時，他們距離懸崖的邊緣只剩不到一公分而已。

買主看著懸崖底下的萬丈深淵，不禁鬆了一口氣，擦擦額頭上的冷汗，驚魂未定地脫口而出說：「感謝上帝！」

沒想到話還沒講完，馬就載著他摔下懸崖。

講話不經大腦，結果就是這樣！

人們常常因為自己無意識的一句話得罪或傷害了別人而不自知。例如，英國首相邱吉爾過八十歲生日時，有一位應邀參加宴會的記者諂媚地說：「邱吉爾先生，我非常榮幸今天能來參加您的八十歲生日壽宴，希望將來我還能再來參加您九十歲的生日宴會。」

邱吉爾幽默地回答道：「我看你身體挺健康的，應該不致於無法參加我的九十歲生日宴會。」

這位記者原本是一番好意，但卻因為用字遣詞不當，反而引起對方的不滿。因此，把話說出口之前，一定要經過再三思考。說出去的話就像潑出去的水一樣，你可能會淋濕別人，也很可能會淋濕自己。

降低風險，才是成功的關鍵

每一個人都有發財夢，但能夠實現美夢的人未必是最有能力的人，而是每一步都走得最踏實的人。

失敗的企業家在做決定之前，總是貪婪地問自己：「我能創造多少利潤？」

成功的企業家則是在做決定之前，理性地問自己：「我能承擔多少風險？」

做事不能一廂情願，要從多方面考量才行。

一個成功的創業家絕對不會冒過大的風險，相反的，會設法把風險降到最低，以增加成功的機會。

有個遊手好閒的人，整天做著發財夢。

一天，他聽說遠方的海上有個島國，島國中的人全部都是長著一隻眼睛的獨眼人。他想，如果到那個島國抓一個獨眼人回來展覽，肯定能吸引不少人參觀，這麼一來，自己不就可以發大財了嗎？

為了奪得先機，那人立刻掏出自己所有積蓄買下一艘船，連夜開始出發。

幾個星期後，船終於到達那個傳說中的島國。當他抵達時，

島上正好有兩個人來到岸邊，他瞪大眼睛一看，果然島上的人都是只有一隻眼睛的。

他心裡非常高興，馬上拿起繩索跳到岸上準備抓人。

這時，其中一個獨眼人見他長著兩隻眼睛，便很興奮地對同伴說：「把這兩隻眼的怪物捉來展覽，一定能發大財！」

說完，就撲過去把那兩隻眼睛的人抱住，他的同伴則順手奪下那人手中的繩索，將他們的「展覽品」緊緊捆綁起來。

現代的社會，各行各業都競爭得十分激烈，不管哪個領域都上演著弱肉強食、優勝劣汰的殘酷競爭。因此，有想法，也要有穩紮穩打的做法。

幾乎每一個人都有發財夢，但能夠實現美夢的人未必是最有能力的人，而是每一步都走得最踏實的人。

正如管理大師彼得‧杜拉克在書中提到：「許多人都認為創業家一定具備『冒險性格』，但是在現實生活中，大多數成功的創業家都是很平實的人。」

成功的關鍵不在於發掘先機，在於充分瞭解風險。

只有先理性地評估可能的風險，才不會老是想要走捷徑而讓自己陷入險境。

想投機取巧，小心讓自己摔跤

靠著好運，或許有人可以憑空得到錢財，但學問這東西卻絕對不可能平白送到人手中。錢財易得，學問難得。

常常聽到人家說：「放在保險箱裡的錢可能會被偷走，但是裝在肚子裡的知識卻是別人搶也搶不走。」

很多事情都有人可以代替你做，唯有讀書這件事，沒有別人可以代替你學習，也沒有人可以代替你受益，千萬別打餿主意。

有個富甲一方富翁，每個禮拜都會邀請三百個客人到他家吃飯，並且會用最名貴的菜餚款待客人。

這名富翁雖然樣樣不缺，唯獨肚子裡一點墨水也沒有。每當開口說話時，總是惹來別人一陣嘲笑。

富翁雖然覺得很尷尬，但是他又不願意花時間讀書，因此，便要管家從僕人中挑選出兩百個最聰明的人，命令他們每人都熟讀一本書。

從此以後，不管宴會裡的客人提到哪一本文學名著，富翁都只需要向管家使個眼色，便能從旁邊的一排僕人中挑選出一個精通此道的，在眾賓客面前朗誦書中的經典名句。

富翁為每個僕人取上個別的代號。比如，負責讀「莎士比亞」

的人，名字就叫做「莎士比亞」，負責讀「小仲馬」的人，名字就叫做「小仲馬」。

一個禮拜之後，宴客的時間又到了。

和往常一樣，客人總在桌上各自賣弄學問，當其中一名客人提到古人舉行宴會的習慣時，富翁非常得意地說：「我記得《包法利夫人》書中曾提到這一點。」

他一邊說，一邊向管家使了個眼色。

豈料，管家並沒有召來那個負責讀《包法利夫人》的僕人，反而立刻跪倒在地上，顫抖地說：「大人，小的該死，包法利夫人今天肚子痛，所以沒有來。」

學問，無疑是一個人最珍貴的資產；讀書，則是一個人最重要的投資。

許多學有所成的大師都曾經說過，做學問沒有捷徑可言，只有努力地研究，認真投入其中，再加上持之以恆的努力，才能一窺學問的殿堂。

靠著好運，或許有人可以憑空得到錢財，但是學問這東西卻絕對不可能平白送到人手中。錢財易得，學問難得，想增長學問就必須下一番苦功鑽研，千萬別像故事中的富翁想投機取巧，否則只會讓自己摔跤。

錢財可以改變一個人的生活，但是，學問足以讓人改變全世界，至少不會讓你看起來像個蠢人。

愛猜測人心，無法討人歡心

 猜測別人的想法，這種習慣最要不得。因為猜錯了，自己倒楣；猜對了，也惹人討厭。

有人說，生活在這個隨時都可能被算計的年代，為人處世要懂得察言觀色，否則就會淪為被算計的對象。

察言觀色或許可以讓自己從對方的表情和言行，提早知道對方心中在想什麼，進而預設自己下一步該如何因應，但整天猜測別人的心意，只會不斷替自己製造問題，要是猜測過頭，更會造成反效果。

人的心意是最難猜測的，而且也是最不喜歡被人看透的。老愛猜測人心的人，不但不討人歡心，而且還會淪為被捉弄的對象。

話說耶穌帶著他的十二門徒周遊列國。當他們經過一處城鎮時，身上帶的麵包都已經吃光了，門徒們餓著肚子，一個個都垮著一張臉。

耶穌於是命令他們每人從地上撿起一塊石頭，抱著石頭趕路。一會兒，每個人都又餓又累，走得汗流浹背，只有彼得健步如飛，神情非常輕鬆。因為，他撿的是一塊比雞蛋還小的石頭。

不久來到一座城市，耶穌不許門徒們到商店裡買麵包吃，反

而命令大夥兒坐下來休息，然後對大家說：「我祝福你們，把你們手上的石頭都變成麵包。」

說時遲那時快，每個人手上的大石頭瞬間都變成一塊大麵包，唯獨彼得的麵包小得不能再小，根本填不飽肚子。

彼得沮喪地問耶穌：「我還能有別的東西可吃嗎？」

耶穌搖了搖頭，笑著說：「誰叫你自己挑選了這麼小的一塊石頭！」

吃飽以後，大夥兒繼續趕路。走著走著，耶穌再次命令門徒們每人撿起一塊石頭。這一回，彼得變聰明了，扛著一塊最大的石頭，步伐踉蹌地走著。其餘的人都只撿了一塊手掌般大小的石頭，因此走得十分愜意。

天黑後，他們來到另外一個小鎮，鎮上到處都聞得到剛出爐麵包的香氣。這時，耶穌對大家說：「把你們手上的石頭扔掉，到店裡買麵包吃吧！」

大家紛紛照著耶穌的話做，只有彼得因為扛著那塊大石頭，所以根本跟不上眾人的腳步，遠遠落在眾人之後，等他好不容易趕上來時，大家早就已經填飽肚子準備要繼續趕路了！

做事的時候必須用對方法，才能讓效果達到最大。

如果你像故事中的彼得一樣，老是在事業、工作或生活上不順遂，那麼就必須冷靜想出解決的辦法。否則，就會無所適從，老是讓一些小事折磨自己。

故事中的彼得沒有正確揣摩出耶穌的心意，未在飢餓的時候付出更多心力，並在飽足的時候收起貪念，因此活受罪。

但是，從另外一方面來看，彼得實在很倒楣，他只不過是想

在飢餓的時候多省一點力氣，並且多花一點心血讓自己擁有豐盛的下一餐，怎麼就落得一個怎麼做都不對的下場呢？

凡是人，都有可能犯下和彼得一樣的錯誤。

對於食物和貪懶的慾望並沒有錯，錯的是彼得太自作聰明，喜歡猜測別人的想法。這種習慣最要不得，因為猜錯了，自己倒楣；猜對了，也惹人討厭。

況且，一般人連自己在想些什麼都搞不清楚了，又哪有聰明才智猜出別人在想些什麼呢？

這樣的人太過自不量力。難怪這種老愛猜測他人心思的人總是不討人喜歡，人緣不佳。

和傻瓜爭論，只顯得自己愚笨

> 極力想證明自己不是傻瓜的人，益發擺明了自己就是一個如假包換的傻瓜。否則，又何需介意人家把他當成個傻瓜呢？

喜歡和傻瓜爭論的人，只會顯得自己和傻瓜一樣愚蠢，既把傻瓜的問題往自己身上攬，也會落得被人看輕的下場。

要讓一個人承認他笨，唯一的方法，就是讓他親眼見識自己的愚蠢，而不是浪費口舌和他爭論。

有兩個傻瓜非常想找人證明他們不是傻瓜。只是，該找誰證明呢？

傻瓜甲提議找法官證明，因為法官的判決最公正了！

但是，傻瓜乙聽到這個提議，立刻反對說：「不能找他，上個月，我向法官控告我的鄰居在夢中打我，要求法官懲罰他們，誰知道法官根本不接受我的訴訟，還很無理地把我轟出門。我看，我們還是找鞋店老闆吧，他可是我們這個鎮上最聰明的人呢！」

「不不不，千萬不能找這傢伙。」傻瓜甲趕緊揮手反對，說道：「前幾天，我到他的鞋店去買兩只方向相同的鞋子，他說什麼也不肯賣，除非我一次買兩雙鞋。哼，我看這個人啊，根本就是腦筋有問題，咱們還是找教堂裡的牧師吧，他說的話可都是真

理咧！」

　　兩名傻瓜於是結伴去找牧師，請求牧師說：「大家都叫我們倆傻瓜，這簡直是對我們最大的侮辱，因此，我們想聽聽您的意見，如果您真的認為我們是傻瓜，那麼您就當著我們的面直說，但若不是，就請您要求鎮上所有人都承認我們兩個是聰明人吧！」

　　牧師對這兩個傻瓜幹下的傻事早有耳聞，歪著頭想了想，偷偷命僕人在一個小盒子裡放了隻老鼠，然後，把小盒子交到兩名傻瓜手上，對他們說：「你們究竟傻不傻，不是我說了算，要由盒子裡頭的精靈說了才算。這樣吧，你們帶著精靈回家，和他相處一個禮拜。一個禮拜之後，再由精靈評判你們是不是傻瓜吧！要記著，這一個禮拜當中，你們千萬不能打開盒子，如果放跑了精靈，就證明你們兩個的確是不折不扣的傻瓜。」

　　兩個傻瓜帶著小盒子回到家裡後，完全抑制不住自己的好奇心。他們把家裡的門窗全部關上，然後戰戰兢兢地打開小盒子。

　　突然間，有個黑黑的東西從盒子裡跳出來，他們倆都還沒有把那東西看仔細，它就一溜煙地鑽進牆洞裡不見了。

　　兩個傻瓜你看我，我看你，誰也無話可說。

　　他們只好無奈地嘆道：「我看我們還是繼續當傻瓜吧，誰叫咱們倆把裁判放跑了呀！」

　　蒙泰朗曾經說過：「耗盡我們生命的，與其說是重大的悲劇，不如說是瑣碎的小事。」

　　如果不想浪費自己的生命，那麼，在人生的過程中，就千萬不要讓「小事」成為燒盡我們生命的燃料。尤其要記得，千萬不要和傻瓜爭論。

真正聰明的人，不會介意當個傻瓜。因為他知道學海無涯，自己不知道的事情永遠比知道的更多，所以不會鬧笑話。

反倒是極力想證明自己不是傻瓜的人，益發擺明了自己就是一個如假包換的傻瓜。否則，又何需介意人家把他當成個傻瓜呢？

經常喜歡和別人爭辯道理，試圖說服對方的，往往也是個傻瓜。因為，如果認為對方比你聰明，那你應該聽從他的道理才是；如果認為對方不如你，又怎麼會以為他聽得進你說的話呢？

和傻瓜講道理的人，其實才是最傻的。

所以，遇上傻瓜時，應該學學牧師的做法。不要試圖改變對方的想法，也不要評斷對方的行為，只需要找個機會讓他們見識到自己的愚蠢，這不就已經說明了他的問題，也解決了自己的問題了嗎？

無法自拔，只會讓自己變得癡傻

人應當培養正當的興趣，生命當中也總有一兩樣東西是難以割捨的，但千萬不要到執迷不悟的程度，否則便物慾的奴隸。

做人最忌諱的一件事，就是沉迷於外物而喪失理智。

喜歡某種東西喜歡到失去理智的地步，不是不可以，只是值不值得的問題而已。我們不難見到，許多人沉迷於不良偏好，就算全世界都認為不值得，他們還是認為值得，別人也莫可奈何。

有一對夫婦，夫妻倆都是酒鬼，嗜白蘭地如命。

只是，白蘭地的價格頗高，他們沒有辦法時常喝到。因此，兩人總是絞盡腦汁，想辦法弄錢買白蘭地喝。

一天，妻子突然靈光一閃，想出了一個賺錢的好主意。只見她興沖沖地把家裡唯一一頭大母牛牽到城裡賣掉，然後買回一大缸白蘭地，準備以三塊錢一杯賣出去，好好賺一大筆錢。

白蘭地才剛剛運到家裡，丈夫就迫不及待地說：「讓我先喝一杯吧！」

「這怎麼可以呢？」妻子實事求是地說：「儘管我們是夫妻，但是為了保證能賺到錢，咱們還是得訂個規矩。這樣吧，誰想要喝酒，就得付對方三塊錢，少一塊錢也不行！」

　　丈夫摸了摸口袋，正好還剩下三塊錢，便把錢掏出來付給妻子，買了一杯白蘭地，心滿意足地喝著。

　　妻子賺了三塊錢，也想過過酒癮，便把剛賺得的三塊錢交給丈夫，同樣也愉快地喝了一杯白蘭地。

　　過了一會兒，丈夫又想再喝，三塊錢再度轉到妻子手裡。接下來，又輪到妻子把錢交到丈夫手中，再次喝了一杯。

　　就這樣，酒杯從這隻手轉到那隻手，三塊錢從那隻手轉到這隻手，沒一會兒工夫，一缸白蘭地很快就「賣」光了。

　　對於無機生命事物的迷戀，古代人稱為「玩物喪志」，現代人則稱為「戀物癖」。有人認為，人生裡若是能有一個值得迷戀的癖好，生命必定精采許多，但事實真的如此嗎？

　　古代許多皇帝因為沉迷淫樂而不理政事，現代許多年輕人沉迷網路遊戲而荒廢學業。癖好總能令人迷失理智，也總會讓人失去很多，若是愛一個東西愛到了極致，甚至因而失去性命。

　　人應當培養正當的興趣，生命當中也總有一兩樣東西是難以割捨的，但千萬不要到執迷不悟的程度，否則便物慾的奴隸。沉迷於不良嗜好而無法自拔，只會讓自己變得既瘋狂又癡傻。

別妄想用「神蹟」解決問題

效法別人的確是讓自己進步的方法之一，只是，在效法別人之前，應該找個適合自己的方式效法，而非盲目追隨。

　　每個人都有自己的際遇，不要輕易羨慕別人，因為別人的「神蹟」可能是讓你頭大的問題，同樣的際遇若是發生在自己身上，未必會為人帶來好運。

　　一間理髮店效法草鞋店的經營哲學，結果只會惹來一身毛。同樣的，若是路邊攤全面仿效五星級餐廳的營運方式，終究也只會得出倒店的下場。

　　有個鞋店老闆非常崇信稻草神，有一天特地長途跋涉到稻草神廟裡求了一道護身符，回家供奉在桌前。

　　從那天起，不可思議的神蹟發生了。只要鞋店老闆向那道護身符行一個禮，桌子上就會莫名其妙地出現一雙草鞋，就這樣，草鞋一雙接著一雙，綿綿不絕地送到他面前。

　　鞋店老闆就靠著這樣的無本生意，一下子躍升為有錢人。

　　隔壁的理髮店老闆得知此事後，便效法鞋店老闆，開始信奉稻草神，也不辭千里到稻草神廟中求一道護身符，回家供奉著。

　　第二天早上，理髮店老闆對著那道護身符誠心誠意地禱告著，

只見理髮店立刻變得門庭若市，上門的顧客絡繹不絕，讓他非常高興。

他喜孜孜地拿起剃刀替第一位顧客剃鬍鬚，豈知剃刀一碰到客人的臉，對方臉上立刻長出大把大把像稻草一樣的鬍鬚，沒幾分秒鐘工夫，那位倒楣的顧客就變成了一隻長毛怪物。

其他客人見了，嚇得拔腿就跑，從此以後，再也沒有一個人敢上門理髮了。

效法別人的確是讓自己進步的方法之一，只是，在效法別人之前，應該找個適合自己的方式效法，而非盲目追隨。

盲目效法別人，就像一個矮冬瓜模仿高個兒的穿著，或是一個大胖子硬擠進 S 號的衣服一樣，多麼令人啼笑皆非！

因為大家的立足點不同，面對的問題不同，解決問題的方式當然也應該有所不同，不能一概而論，否則只是為了解決問題而製造另一個問題。

吸取別人的優點固然有一定的必要性，然而，在向他人學習之際，更要衡量自己的實際情況，若硬將他人的成功模式套在自己身上，只不過是「用別人的成功經驗折磨自己」，恐怕只會得出失敗的結局。

何必管討厭鬼的媽媽嫁給誰？

只要你認為是正確的，那就放手去做吧！反正
嘴巴長在別人臉上，你又何必管那些討厭鬼的
媽媽嫁給誰呢？

中世紀文學大師但丁曾經勸喻世人：「**走自己的路，讓別人去說吧！**」

當你受到別人嘲笑時，通常都會怎麼反應呢？

別人的嘲笑只代表了那個人無知的見解，並不表示他的看法一定正確。別人的嘲笑只代表你不被人了解，並不表示你的抉擇有問題。

漆黑的夜裡，一個瞎子一手提著燈籠，一手拄著柺杖走在路上。突然間，有個人迎面走來。

他看見瞎子這個模樣，便停下腳步，以嘲笑的口氣說：「你不但眼睛瞎，還是個大傻瓜，難道你不知道對盲人來說，白天和黑夜根本就是一個樣？瞧你這樣子，簡直就是『瞎子點燈白費蠟』！哈哈哈……真是笑死我啦！」

瞎子沒有生氣，平靜地反問那人說：「你知道這個燈籠是給誰用的嗎？」

「這還用說嗎？」那人的口氣很不屑：「我看你是幫鬼照路

吧，反正你自己又用不著點燈！」

「是啊，你說對了！」瞎子反脣相譏：「我這個燈籠正是給鬼用的，尤其是你們這些冒失鬼！你想想，如果我手裡沒有提著燈籠把路照亮，剛才說不定就會被你這個冒失鬼撞倒在地呢！」

別人的嘲笑或許會影響你的情緒，但是不應該影響到你的意志。別人的嘲笑或許會令你難過，但是並不應該把你擊垮。

任何一個偉大夢想的起始，都曾經遭受世人嘲笑。

例如，英國工人史帝文生造火車，例如，愛迪生異想天開地發明電燈。瞧，大多數人都認為不可能的事，不代表那就一定不可能成真啊！

別人的嘲笑，只是讓人更堅定自己的信念而已。只要你認為是正確的，只要你認為是你該做的，那就放手去做吧！反正嘴巴長在別人臉上，你又何必管那些討厭鬼的媽媽嫁給誰呢？

活用書中智慧，減少出錯機會

讀書的目的不光只是為了吸收知識，更要把所學得的新知識應用在生活中，讓生活多一些智慧，減少出錯的機會。

一天，書呆子甲牽著一輛款式新穎的腳踏車來到書呆子乙面前。書呆子乙見了，十分驚訝地說：「天哪，你這台腳踏車哪來的啊？」

書呆子甲解釋說：「昨天我遇到一個妙齡女子，她一見到我，就在我面前把全身上下的衣服都脫光，然後對我說：『你想要什麼都可以拿去！』所以，我就把她的腳踏車拿走了。」

「嗯，你的選擇是正確的，」書呆子乙頻頻點頭說：「因為就算你拿了她的衣服，恐怕也不能穿吧！」

不讀書，可能會錯過很多知識；但是死讀書，便有可能像笑話中的書呆子，不時幹下許多自以為是的蠢事！

從前有個讀書人，為人十分僵化、古板，大家都在背地裡稱他為「書呆子」。

一次，有個財主請他到家裡教他的小兒子唸書，教書之餘，財主吩咐他在夜裡，要順便看顧著栓在他房間門外的牛，免得被人偷走。要是牛讓人偷走了，就得用他一年的薪資賠償。

教書先生雖然腦袋不靈光，但做事非常有責任感，每天晚上都豎起耳朵，仔細聆聽房門口的動靜。

一天夜裡，竊賊前來偷牛。

教書先生聽見門外有怪聲音，便將頭伸出窗外看了看，然後像朗誦詩歌般唱道：「忽聽門外滴撲之聲，想必賊來偷牛，東翁快快起來，還可追也！」

睡在樓上的財主一聽，「噗哧」一聲笑了出來。他想，這名教書先生連做夢都在唸書，還真是個書呆子啊！

教書先生唸了許久都不見財主出來，自己一個人又不敢去追，只好一遍又一遍地唸著他的「偷牛詞」。

第二天一大早，財主發現牛被賊偷走了，非常生氣，責怪教書先生說：「你聽到聲響，為什麼不叫人來呀？」

教書先生振振有詞地辯解道：「誰說我沒叫？我叫過了，而且還叫了好幾遍，只是你都不出來啊！」

財主一聽，才猛然回想起昨天夜裡的唸書聲，不禁感到更加生氣，他吼道：「你那是在叫人嗎？我看人們說得沒錯，你果真是個書呆子，我兒子要是跟你讀書，不越學越呆才怪，你還是趕緊離開吧，我兒子就算不讀書都比你聰明！」

教書先生於是空著雙手回到家裡，他老婆見他半毛錢也沒有拿回家，非常生氣，隨手拿起一把鍋鏟朝教書先生頭上丟了過去。

教書先生連忙躲到柱子後面，那鍋鏟不偏不倚，恰好戳在教書先生躲著的那根柱子上，距離他的頭不到十公分。

只見他拍了拍胸脯，然後隨即又「朗誦」道：「啊，真是好險！夫妻相爭，小木行兇，虧得大木相擋。否則，我命休矣！」

他老婆聽了哭笑不得，真不知道這種老公要來何用！

當個書呆子，或許是無上的榮耀；醉臥書堆，也是人生一大樂事。只是，凡事都照著書中的知識走，沒有自己的主見，很容易就變成一個死腦筋、光說不練，又過度保守的人。

　　曾經有位智者說：「讀得一尺，不如行得一寸。」

　　多讀書固然是件好事，但是，讀書的目的不光只是為了吸收知識，更要把所學得的新知識應用在生活中，讓生活多一些智慧，減少出錯的機會。

　　讀書的目的，是要讓人活得更好、更充實，若是使自己更加無知，那就白白浪費了讀書的時間與精力呀！

傻瓜總是
選擇最笨的方法

再聰明的人也會一時糊塗，

一個人只要願意承認自己愚蠢，

便代表他有了自知之明，

不再像從前那般愚蠢。

傻瓜總是選擇最笨的方法

再聰明的人也會一時糊塗，一個人只要願意承認自己愚蠢，便代表他有了自知之明，不再像從前那般愚蠢。

承認自己愚蠢並不可恥，至少不會幹下太離譜的蠢事。不怎麼聰明，卻硬認為自己聰明，那才有可能會導致更大的恥辱。

對抗愚蠢最好的方法是承認愚蠢，而不是假裝聰明；試圖掩飾是最笨的方法，只會做下面故事中的傻瓜，讓人笑掉大牙。

有個傻瓜在書上讀到一句話說：「小腦袋和長鬍子是愚蠢的標誌。」

這個傻瓜感到非常苦惱，因為覺得自己一點也不傻，偏偏他的腦袋正是小得可憐，下巴上的鬍子卻又長得可笑。

傻瓜仔細地照了照鏡子，發現自己的小腦袋是怎麼樣也無法改變，為今之計，只有想辦法把鬍子弄短一些！

傻瓜在家裡翻箱倒櫃，卻怎麼找也找不到剪刀。他靈光一閃，拿起桌上的燭台，想把下巴上的長鬍鬚用火燒掉。

只是，雖然長鬍子一下子就被火燒著了，但是火苗卻一勁兒地往上竄，很快就燒到了傻瓜的下巴、臉……。

傻瓜連忙用水把火澆熄，然而，他的臉卻早已經被燒得一塊

黑、一塊紅，整張臉又腫又疼的。

看著鏡中自己狼狽的模樣，傻瓜恍然大悟：「書本寫的一點兒也沒有錯，長著小腦袋和長鬍子的人果然就是愚蠢呀！」

再聰明的人也可能會一時糊塗，再偉大的人也可能會幹下蠢事。有「籃球之神」之稱的飛人喬丹，曾公開在電視節目上向全國觀眾坦承說：「賭博使我陷入一種非常尷尬的境界，是我做過最後悔的一件事，我在照鏡子的時候，不禁對著自己說：『我真愚蠢！』」

此話一出，原本苛責喬丹的人都不忍心再繼續指責他，原本認爲他做了蠢事的人也不再認爲他愚蠢。

由此可見，一個人只要願意承認自己愚蠢，便代表他有了自知之明，不再像從前那般愚蠢。

只是，光知道自己愚蠢還不夠。既然知道自己並不聰明，那麼做事時就必須更加小心。因爲，如果一個人承認自己愚蠢，卻不懂得隱藏自己的愚蠢，那就顯得蠢上加蠢。

再怎麼親近，也要有防人之心

不要太相信別人。就算要相信別人，也要更加相信自己。因為你無法阻止別人騙你，只能自己多加小心。

對自己說最多謊言的人，通常都是和自己最親近的人。因為，只有當你相信一個人的時候，他才有機會騙你。

人心是很難防的，陌生人不會出賣你，出賣你的往往是自己的兄弟。壞人不會無緣無故對你施加毒手，詛咒你死的通常都是自己的枕邊人。

一天，女主人吩咐女傭到市場上買個驢頭回來。

女傭疑惑地問：「太太，買這東西幹什麼呀？」

女主人回答說：「我要拿驢腦袋給老爺吃，讓他從此變得像驢子一樣呆頭呆腦，對我言聽計從！」

待女傭買了驢腦袋回來，女主人立即把它拿到院子裡，準備切開驢頭，把裡面的腦漿取出來。

就在這個時候，男主人回來了，看見院子裡的驢頭，奇怪地問：「這是什麼？從哪裡來的？」

女主人信口胡謅：「這是驢頭，剛才有隻烏鴉叼著它從我們家屋頂上飛過，沒想到烏鴉一鬆口，驢頭就掉下來，正巧落在我

們家院子裡。」

　　男主人不疑有他，開心地說：「哇，這世界上真是無奇不有，這麼巧的事情居然發生在我家裡，我真是太幸運了！」說完，便喜孜孜地走進屋子裡。

　　女傭見了，悄悄對女主人說：「老爺看見驢頭就馬上變得這麼愚蠢，我想，我們應該不用再挖驢的腦子給他吃了吧？」

　　有句話點出了一個普遍的社會現象：「就算是壞人，也會相信好人的謊話，反而不會相信壞人的真話。」

　　由此可見，一個人只要被貼上「壞人」的標籤，就算立地成佛，也很難立即獲得他人的信任。

　　相反的，只要認定了某人是「好人」，就會對他深信不疑，甚至到死心塌地的程度，到頭來怎麼被人賣了都不知道。

　　因此，不要太相信別人。就算要相信別人，也要更加相信自己。因為你無法阻止別人騙你，只能自己多加小心。

勇於承擔責任，人生更輕鬆

 推卸責任的人，雖然表面看似無事一身輕，然而心頭上的包袱，卻已經大到提不起也放不下了。

　　面對自己應該承擔的責任，很多人都會選擇站在對自己有利的地方，猛找藉口推卸責任，卻不願意面對問題。

　　事實上，找理由誰都會，尤其那些失敗的人更是如此。他們什麼都不會，就是找藉口的本領比誰都還要強！

　　有個人負責看守一座大橋，卻相當不盡責。

　　有一天，長官突然派人把他召去，氣憤地對他說：「你到底是怎麼看守大橋的？有人向我報告說，每天晚上都有人在你看守的那座大橋上投河自盡。你怠忽職守，該當何罪？」

　　守橋人聽了，心裡感到忐忑不安。

　　長官見他不答話，嚴厲地訓斥道：「別以為你不說話我就會饒過你，從今天晚上起，你要更加留意。如果再有人投河，你就等著跟他一起陪葬吧！」

　　當天晚上，守橋人拿出十二萬分的注意力，一刻也不敢眨眼。

　　忽然間，有個可疑的人影衝到橋邊，正準備要跨越圍欄。

　　守橋人見狀，一個箭步飛奔上前，一把將那人攔腰抱住，氣

憤地說：「哼！原來每天晚上來這裡投河，害我被長官罵的那個人就是你呀！」

德國詩人羅洛曾經說：「與自己鬥爭才是最困難的鬥爭，同時戰勝自己才是最偉大的勝利。」

想要把責任推到別人頭上，也得先看別人的頭夠不夠大。

很多人在犯錯之後，不知道檢討自己，反而一味怪罪別人，試圖減輕自己的罪惡感，這種行為不但會加重別人的負擔，而且還透露了此人拒絕成長的人格特質，那才真正令人憂心。

其實，勇於承擔責任的人，人生反而最輕鬆，因為，即使他們身上的包袱再重，也能夠一肩挑起。

不像那些推卸責任的人，他們雖然表面看似無事一身輕，然而心頭上的包袱，卻已經大到提不起也放不下了。

只會欺負傻瓜，才是真正的傻瓜

 欺負一個傻瓜，或許可以讓人獲得一些樂趣，但是只有真正的傻瓜，才會把這種愚弄別人得來的快感當成樂趣。

有本事的人會想辦法從聰明的成功人士身上獲得好處，只有沒本事的人才會試圖佔傻瓜的便宜。

遺憾的是，在醜陋的人性國度裡，大多數人總是喜歡欺負弱者、唬弄傻瓜。只不過，喜歡以欺負傻瓜為樂的人，千萬要小心樂極生悲。

一天晚上，有個傻瓜撿完柴準備回家，看見夜空中的月亮忽隱忽現，覺得很有趣，便唸唸有詞，一會大喊：「藏起來啦！」一會又說：「出來啦！」

無巧不巧，附近的樹林裡有兩個小偷，不知從哪兒偷來一隻羊，正準備坐地分贓，聽見傻瓜一連串叫喊，以為是警察追來了，慌忙中連羊肉也不要了，趕緊分頭逃命。傻瓜聽見草叢裡傳來窸窣的聲音，好奇地走過去一看，發現草叢中藏著一頭沒人要的羊，便歡天喜地地把羊帶回家。

媽媽把那頭羊賣了個好價錢，但是怕兒子亂花錢，就騙他說：「我把羊肉賒給了蚊子，說好牠們什麼時候有錢，就什麼時候再

付錢。」

傻瓜信以為真，從那天起再也不出門撿柴了，天天守在家裡，等著蚊子上門付錢。過了一個星期，傻瓜依舊看不見蚊子的蹤影，便一狀告上法院，說蚊子欠他錢賴著不還。法官瞭解事情的前因後果之後，發現這傻瓜傻得可笑，便開玩笑地對他說：「本席宣判如下，今後見到蚊子，你有權將牠打死。」

話才剛說完，有隻蚊子不偏不倚地停在法官的鼻子上。傻瓜立刻飛奔上前，使出吃奶的力氣，像報仇似地一拳將蚊子打死。

法官被打得鼻青臉腫，抓著傻瓜的衣領，氣得說不出話來。

只見傻瓜無辜地解釋道：「法官先生，是你說我有權打死牠的呀！」

如果要選一個人欺負，你會選擇一個比你聰明的人，還是選擇一個比你還要笨的人下手呢？相信大多數人都會選擇欺負一個比自己笨的人，因為欺善怕惡原本就是人的天性，再者，笨人受到欺負，通常會選擇忍氣吞聲。

這種現象在在印證了人性的陰暗。對於那些條件比自己優異的人，佔他們一點便宜其實沒有什麼大不了，但多數人就是不敢在太歲爺頭上動土。

至於那些資質不如己、際遇不如己的人，本該對他們寄予十二萬分的同情才是，但是我們卻總是柿子撿軟的捏，不可憐的不欺負。

欺負一個傻瓜，或許可以讓人獲得一些樂趣，但是只有真正的傻瓜，才會把這種愚弄別人得來的快感當成樂趣。

送禮要送進對方心坎裡

再好的禮物若是缺乏那一點點的體貼，充其量
只能送到對方手裡，無法送到對方的心坎裡。

大多數人的心裡都存在一定程度的善意與好意，只是有些人
很容易讓周圍的人感受到自己帶來的溫暖，有些人卻不然。

這兩者之間的差別在於，表達心意的時候除了有一顆善意的
心之外，是否還具備了一份細膩的體貼。

一個生長在深山裡的姑娘，嫁到城裡一個大戶人家。

新女婿為了表達孝心，特地差人送了一箱蠟燭到妻子的娘家。
他想，深山裡頭的夜晚一片漆黑，蠟燭對住在山裡的人來說應該
很好用才對，況且，妻子的娘家家境清貧，恐怕也買不起蠟燭。

新女婿認為這真是一份既貼心又實用的好禮，沒想到新娘家
裡的人從來沒有見過蠟燭，也不知道蠟燭是何物。所以，收到這
個怪東西之後，他們立刻把附近所有鄰居召集過來，大家好好討
論一番。

有人說：「這應該是食物吧！」可是，大夥兒試咬了一口後，
發現嚼起來一點味道也沒有。

也有人說：「這應該是用來寫字的吧！」可是，把那東西塗

在紙上，看起來卻只有淡淡的粉紅色。

　　這時，曾經在大城市裡住過一段日子的村長猛然想起：「唉呀，我以前曾經在城裡見過這玩意兒，這東西一到晚上就頭頂冒火，你們剛才居然把它吃進肚子裡！快！快！趁著天還沒有黑之前，你們趕快把身體浸到池塘裡泡著，省得待會兒你們的肚皮全被它燒著啦！」

　　眾人聽了，一個接一個飛奔到池塘邊，「撲通」、「撲通」地往池裡跳，把脖子以下的部分全浸在水裡，戒慎恐懼地等待黑夜的降臨。

　　天黑了以後，只見村長不知道從哪裡找來一面銅鑼，學城裡人一邊敲一邊高喊：「天乾物燥，小心火燭！」

　　故事中那名女婿的立意雖美，卻因為不了解收禮人的風俗民情和智識程度，反而造成對方的困惑，衍生出一些讓人哭笑不得的蠢事。

　　由此可見，再好的禮物若是缺乏那一點點的體貼，充其量只能送到對方手裡，無法送到對方的心坎裡。

　　因此，想送禮表示自己心意的同時，應該要將心比心，多體察收禮人的心。

　　一張使用說明書、幾句充滿祝福的問候，正是這些不起眼的小地方，可以讓送禮的人送得得體，也讓收禮的人收得有理。

愛賣弄學識，最容易做出蠢事

人要知道自己的不足，才能讓自己更加進步；
要能聽得進別人的意見，才能讓自己的知識領
域更加寬廣。

有句俏皮話說：「學識不如知識，知識不如常識，常識不如
見識，全都沒有就只好進教室。」

學識不足憑恃，人應該永遠抱持著學無止盡的心態，更努力
增長知識、常識和見識，才不會急於賣弄學識而做出蠢事。

有三個德高望重的學者和一個沒有讀過書的人一同結伴出門，
經過一座森林時，發現了一堆野獸的骸骨。

三個學者不約而同地說：「這真是個大好機會啊，不如我們
就利用這堆骸骨，好好地檢驗一下我們的知識吧！」

第一個學者是生物學家，立即發揮所長，動手將這堆骸骨拼
湊起來，做成一具完整的骨架。

第二個學者是考古學家，動手摸了摸那副白骨，立刻檢驗出
這是遠古時代遺留下來的恐龍屍體。

第三個學者是個魔術大師，隨即誇下海口說：「只要我對著
它吹一口氣，就可以讓它復活！」

說完，第三個學者便走上前，準備對著那副骸骨吹氣。

旁邊那個沒有讀過書的人見了，趕緊阻止他說：「你千萬不能使它復活，它可是一頭恐龍呢！」

第三個學者面對他的阻撓，生氣地說：「你這個人一點知識也沒有，憑什麼阻止我？你等著瞧好了，我就顯現一下本領，好讓你知道我的厲害！」

那個沒有讀過書的人看見對方心意已決，只好退而求其次地說：「好，那就請您過一分鐘以後再施展您的本領吧！」說完，趕緊利用這一分鐘的時間爬到附近最高的一棵大樹上。

接著，第三個學者向恐龍的遺骸吹了一口氣，果真如他所言，一眨眼的工夫，一隻活生生的恐龍立刻出現在他們眼前。

飢餓了好幾個世紀的恐龍一見到面前站著三個人，馬上張開牠的血盆大口，衝過去將他們一口吞進肚子裡。

唯有那個緊急躲到大樹上的人，一直到恐龍離去之後，才放心地從樹上爬下來，開心地回家。

有知識不如有常識，有 IQ 不如有 EQ。

無論你的智商多少，無論你的學歷多高，若是缺乏一份謙遜的態度，那麼你只是學歷的奴隸，時時都有可能被自以為是的聰明才智所累。

人要知道自己的不足，才能讓自己更加進步；要能聽得進別人的意見，才能讓自己的知識領域更加寬廣。

知識多寡、學問高低，其實那一點也不重要，重要的是你用什麼態度學習，重要的是你用哪一種心態處世。

如果一個人以為自己知道的比人多，見識比人強，時時想要賣弄一番，那才真的叫沒見識！

過與不及都會帶來災害

越是黑暗的時候，越應該傾聽外界的聲音；越是紊亂的時候，越應該堅守內心的最後一道防線。

凡事過與不及，都會在未來的日子裡變成人生的陷阱。因此，我們不應該要求一個完美的人生，應該盡力追求平衡的人生。

做人可以沒有心機，但做事情一定要用用腦袋，才不會因為不懂裝懂，替自己和別人帶來料想不到的災害。

一座遠近馳名的傻瓜村裡，村民們正在村子中央的大樓召開村民會議。

這棟大樓當初花了許多資金建造，外觀十分宏偉，只是裡頭一扇窗戶也沒有，屋裡一片漆黑，什麼也看不見。

於是，村長想了一個好辦法，交代所有村民每人裝一袋陽光帶進屋子裡，再從屋子裡裝一袋黑暗運到屋子外，希望這樣可以讓屋子裡的陽光越來越多，黑暗越來越少。

只是，村民們這麼一來一往辛苦了好幾天，大樓裡依舊一片漆黑，一點成果也看不見。

一名流浪漢經過此地，得知這棟大樓的情況，便對村民們說：「只要你們給我一百塊錢，我就替你們驅走大樓裡的黑暗。」

　　說完，流浪漢不知從哪兒弄來一把鑿子，在大樓的牆面上挖了一個小洞。陽光立刻從洞口灑進屋裡，室內一下子變得明亮起來。村民們非常高興，照約定給了流浪漢一大筆錢。

　　流浪漢走後，村民們想，區區一個小洞就可以讓大樓中變得這麼亮，如果有更多更大的洞，屋子裡一定會更加明亮！

　　於是，村民們每人手持一把鑿子，在牆面上挖了更多更大的洞。挖著挖著，突然間整面牆壁倒塌下來，當場壓死不少村民。

　　每個人的心房其實就像這間屋子。如果四面牆壁都封得密不透風，那麼無論旁人怎麼努力，也無法為你帶來一絲光明，非要你自己願意在牆壁上鑿出一個小洞，才有可能引來一室陽光。

　　但若心房的牆壁上處處都是洞，任何資訊都可以進出自如，少了支柱，也缺乏中心思想，那麼就很可能會流於人云亦云，導致自我價值觀崩盤。

　　因此，敞開心房並不等於門戶大開，吸收新知也不等於來者不拒，欠缺主見。

　　越是黑暗的時候，越應該傾聽外界的聲音；越是紊亂的時候，越應該堅守內心的最後一道防線。

　　無過與不及，才能擁有幸福與光明。

不盲從，相信自己的眼睛

做人應多聽從自己的心聲。你可以懷疑任何事、任何人，但是絕對必須相信自己的眼睛，相信自己的判斷力。

成功人士與一般人最大的不同是，他們用「心眼」看世事萬物，因此能做出正確的判斷，一般人則一味相信別人嘴裡說的，老是吃虧上當。

相信自己的眼睛，就不會隨著別人的話語起舞，也不會把命運的決定權交給別人，而是由自己做主。

大多數人的意見不等於是正確的意見。因此，不要害怕和群眾的意見作對，只要你認為自己是對的。

有個富商，無論對外人還是對自己兒子，都是一毛不拔。偏偏他的兒子不長進，在外頭積欠很多錢，並和債主講明等父親死後再歸還。

沒想到父親活到了八十幾歲，身體都還很健康，兒子每天被債主上門催債，一時情急，索性和債主們商量將父親活埋。

他們一行人七手八腳地抓住富商，把他推進棺材裡，然後抬到院子活埋。

富商扯破了喉嚨呼救，只是那些利慾薰心的人哪裡聽得到？

正好有位昏官經過，聽見了富商的吶喊聲，便好奇地問他們：「棺材裡躺著的是什麼人，為什麼他叫得如此淒慘？」

富商以為自己遇到救星，情急之下加大音量喊著：「大人，救命呀，我兒子要活埋我啊！」

昏官質問富商的兒子：「你怎麼能做出這種傷天害理的事，棺材裡的可是你的親生父親哪！」

只見兒子面不改色地說：「大人，那是我父親在騙您呀！他真的死了，您可千萬不要上他的當！」

昏官於是又鄭重其事地問旁邊的債主：「他說這個躺在棺材裡的人真的死了，你們願意作證嗎？」

「當然，」債主們異口同聲回答：「我們可以作證，這商人確實死了！」

昏官看著眼前那麼多人指證歷歷，於是轉頭對著棺材裡活生生的富商嘆了口氣說：「對不起，我不能相信你的話，因為這裡有這麼多人、這麼多隻眼睛都告訴我你已經死了，你叫我怎麼能相信你呢？」

說完，昏官轉身離去，任由富商的兒子和那些債主繼續把一個活生生的人當成死人埋到地底。

奧修大師曾經說過一則類似的故事，值得我們省思。

有個妻子跑去跟丈夫說，住家附近的一間房子昨天晚上失火了。丈夫翻了翻報紙，頭也不抬地回答道：「那是不可能的，如果那間房子真的失火了，報紙上應該會登才對，報紙上沒有登，表示那間房子根本沒著火。」

可是，他們談論的那間房子，距離他們家只不過隔著兩、三

間房子遠而已。

一個人寧願相信報紙的報導，寧願相信所謂專家的意見，寧願相信其他大多數人的說法，也不願意相信自己的眼睛，那麼這個人等於被報紙活埋了，等於被專家活埋了，等於被他人的意見活埋了。

因此，做人應多聽從自己的心聲。你可以懷疑任何事、任何人，但是絕對必須相信自己的眼睛，相信自己的判斷力。

懂得變通，知識才能發揮效用

 做人就怕死腦筋，照本宣科太呆板，按表操課也有風險，人生不該有太多課本，也不應該有太多的教條。

愛因斯坦曾說：「想像力比知識更重要。」

這是因為知識有一定的範圍，想像力卻無窮無盡；知識有固定的框架，想像力卻可以超越一切束縛。

從前，有個英國國王非常喜歡到前線視察軍情，每次見到士兵，總是毫無新意地循序問對方三個問題：「你今年多大？」「你在軍隊裡待了多久？」「你的父母還健在嗎？」

軍隊裡大部分士兵都是從外國募集的，幾乎都聽不懂英文。有一個軍官為求在國王面前有所表現，便偷偷教這些士兵背熟那三個問題的答案，好讓他們應付國王的問題。

這天，國王又來到軍營視察了，看見列隊歡迎的軍隊中，有一名士兵看起來特別年輕，便突發奇想，親切地問他：「你在軍隊裡待了多久？」

那士兵完全不聽懂英文，不知道國王問的是第二個問題，便按照事先背好的第一個答案回答說：「陛下，我過了二十五個年頭啦！」

　　國王聽了覺得很奇怪，這士兵看起來明明只有二十多歲，怎麼可能在軍隊裡待了二十五年？

　　國王於是接著問：「你今年多大？」

　　士兵以為是第二個問題，便爽快地答道：「剛剛滿六個月，陛下！」

　　「什麼？」國王以為士兵故意跟他開玩笑，非常生氣地說：「六個月的人會長得像你這麼大？難道你以為我和你兩個都是傻瓜嗎？」

　　士兵看見國王張牙舞爪的樣子，心想國王可能是在問第三個問題吧，便哀傷地搖了搖頭說：「不，兩個都已經死了！」

　　事先演練與力求表現是好事，汲取前人的經驗也不壞，但因時因地制宜，懂得靈活變通，才是真正的成功之道。

　　做人就怕死腦筋，照本宣科太呆板，按表操課也有風險，人生不該有太多課本，也不應該有太多的教條。

　　因為世事難預料，與其以不變應萬變，不如保持一顆開放真誠的心，讓想法隨心所欲、靈活變動，生活自然也會有更多的驚喜與樂趣！

事情越小，
越要用心做好

生活中的許多瑣事，

做得再好也不會有獎賞，

但這些正是別人用來評價一個人的依據，

這些反應了一個人做事情的態度。

因應環境，調整自己

生活周遭的環境，並不是一成不變，唯有因應周圍的環境調整自己，才可以在任何環境中，都活得如魚得水歡喜自在。

在這個計劃永遠趕不上變化的現代社會中，唯一不變的真理，是我們周遭的環境隨時會改變。

我們唯一能做的，就是調整自己，提升適應環境的能力。

一天，某甲經過一處沙漠時，看見有個人正滿頭大汗地在挖沙。某甲奇怪地問：「你在幹什麼？」

那人急忙解釋說：「兩年前，我把一罐銀幣埋在這裡，現在我急著用錢，所以想把它挖出來。只是我挖來挖去，就是挖不到那個裝著銀幣的罐子啊！」

某甲看了看四周，好心地勸他說：「這沙漠這麼大，你確定你把罐子埋在這個地方嗎？你記不記得你當初埋罐子的時候，附近有什麼標誌呢？」

「當然記得，」那人急忙點頭說：「我記得一清二楚，兩年前我就是把罐子埋在這個地方，不信的話，我可以馬上把標誌指出來給你看！」

「喔？標誌在哪裡？」

只見那人抬頭指了指頭頂上的天空說：「那就是標誌啦！當時我埋罐子的地方，上空正好有一朵雲啊！」

這個故事中的傻瓜雖然傻得讓人驚訝，但還是告訴我們一個道理，那就是生活周遭的環境，並不是一成不變，唯有適時因應周圍的環境調整自己，才可以在任何環境中，都活得如魚得水、歡喜自在。

這道理或許大家都懂，只是，不是每個人都有像變色龍一般的能力，可以心平氣和地接受環境的劇烈變動。

對大多數人而言，外在環境的改變往往是令人痛苦、不安、徬徨的。因此，在適應周遭環境的變遷時，照顧好自己的情緒當屬首要之務。

試著找三五好友出來談談心，或是大哭一場紓解壓力，等到起伏的情緒平復之後，腦袋自然會變得清明，對環境的適應力也會大幅提升。到時候，你會發現，雲雖然隨時會變動，但是蔚藍的天空其實一直在自己頭頂上。

後退一步，就能得到新的審視角度

遭遇煩惱、陷入困局時，不妨跳脫出來，想想看這件事情如果發生在別人身上，你會建議對方怎麼做？

傻瓜做傻事沒什麼好驚訝，聰明人做糊塗事才會讓人笑掉大牙！聰明的人之所以變得糊塗，往往不是因為他的腦袋故障，而是因為他陷得太深。

如果不釐清問題的癥結，既不設法跳脫，又不曉得藏拙，最後當然會和下面故事中的傻瓜一樣，被人視為蠢驢。

有個傻瓜牽著五頭驢子到市場兜售。

他自己騎著一頭驢，另外四頭在後面跟著。

走到半路時，傻瓜回頭一看，發現少了一頭驢子，數來數去，怎麼數都還是四頭驢子。傻瓜不禁嘆道：「真是奇怪了，還有一頭驢到哪兒去了？」

此時，正好有個路人從後面走來。傻瓜連忙把他叫住，問他說：「先生，請你幫我看一看，我離家的時候，明明是帶著五頭驢出來，可是現在居然只剩下四頭。你剛才走在我後面，請問您有看見我遺落的那頭驢子嗎？牠究竟是跌到水溝裡了，還是被人偷走了？」

路人一聽，笑著回答說：「我看你大概眼睛花了，明明就是六頭驢子嘛，你怎麼說五頭呢？」

「這怎麼可能？」傻瓜叫道：「我只看見四頭驢，哪來的六頭驢子啊？」

路人回答：「那你騎著的那頭不是驢子嗎？」

傻瓜這才省悟過來，拍著腦袋嘲笑自己記性不好，接著，他又繼續問路人說：「那你所說的第六頭驢子在哪？」

「遠在天邊，近在眼前，」路人哈哈大笑：「我說的正是你這頭蠢驢！」

正所謂「旁觀者清，當局者迷」，再聰明的人一旦陷入局中，難免也會像霧裡看花一般，怎麼想也想不透，怎麼說也說不清，更何況是那些腦筋原本就不清不楚的人呢？

因此，遭遇煩惱、陷入困局時，不妨跳脫出來，想想看這件事情如果發生在別人身上，你會建議對方怎麼做？

很多時候會覺得自己變笨了，是因為自己的思緒受到情緒的左右，所以無法做出理智的判斷。其實，這個時候，只要向後退一步，便可以用更宏觀的角度，將「迷」的左右為難，化為「悟」的海闊天空。

是的，就是這麼簡單！只要將自己抽離出來，你便可以擁有全新的視野。

沒有學識，註定要輸

 不只是勤讀書，更要勤於找方法讀書。只要抱持著一顆求學問的心，哪裡還有學不會的東西？

俄國作家契訶夫曾說：「人要有三個頭腦：與生俱來的頭腦，從書籍中得來的頭腦，從生活中得來的頭腦。」

年輕人經常犯的錯誤就是不懂得活用頭腦，一味把學歷視為能力。

人可以沒有學歷，但是不可以沒有學識。因為，成功的契機往往就隱藏在學問和見識之中。

如果你不想讓自己的生命過得渾渾噩噩，那麼，就從現在開始，認真增進自己的知識、常識和見識吧！

有個財主見三個兒子都長大了，便請一名飽讀詩書的老師教他們讀書。

誰知，才沒幾天的時間，三個兒子竟然都說自己已經學習有成，請爸爸把教書先生辭退，不必再多花錢。

財主當然不相信兒子的一面之詞，便叫他們各自回房間寫文章，一個小時之後再到客廳面試。

一個小時過後，三個兒子都仍關在房裡沒有出來。財主等得

不耐煩，便先進大兒子的房間看看狀況。

　　只見大兒子正躺在床上睡得正熟，財主生氣地說：「叫你寫文章，你竟然在這兒睡覺！真是豈有此理！」

　　大兒子懶懶地回答說：「先生曾說：夢中成詩。我正在等著做夢啊。」

　　財主氣得轉頭就走，抱著一線希望前往二兒子的房間。

　　沒想到他進了二兒子的房間，卻看見二兒子拿著書本正撕得起勁，滿屋子都是從書本上撕下來的碎紙片。

　　財主疑惑地問：「你這是幹什麼？」

　　二兒子回答：「先生有說過：讀書破萬卷，下筆如有神。」

　　財主聽了，氣得一句話也說不出來，轉身走進三兒子的房間，卻看見三兒子不停地將墨汁往嘴裡倒。

　　財主見狀不禁傻眼，問道：「你是覺得口渴難耐，還是讀書讀到人都傻了？」

　　只見三兒子振振有詞地回答：「先生曾經說過：肚子有墨水，文章能生輝。等我把整瓶墨水都喝完，還有什麼文章可以難得倒我呢？」

　　財主一聽，氣得昏了過去。

　　有位朋友寫了一段有趣的文章說：「過去不讀書，現在已經輸；現在不讀書，將來還會輸。不能不讀書，不要怕讀書；讀書無捷徑，只要下功夫。」

　　的確，學習沒有其他秘訣，唯有「勤勞」兩個字而已。

　　在閱讀的定義越來越寬廣的時代，不只要勤讀書，更要勤於找各種方法讀書，增進自己的學識。

　　只要抱持著一顆求學問的心，哪裡還有學不會的東西？看看我們熟知的成功人士，雖然許多人的學歷都不高，但是卻沒有一個人不愛讀書。

　　比爾蓋茲連在搭乘飛機的時候，都利用時間連續看了十二個小時的書。王永慶雖然連小學都沒有畢業，卻花了許多時間自修讀書。因為他們知道，一個沒有學歷的人或許還有機會成功，但人若是缺乏學識就一定不可能成功。

　　古人常言：「書中自有顏如玉，書中自有黃金屋。」

　　這句話說得一點都不假。如果你還沒有體會到讀書的好處，或許那是因為你讀的書還不夠多！

不再賭，就不會再輸

 不是每個人都能從失敗當中得到教訓，所以整治賭鬼最好的方法，不是讓他狂輸，而是讓他根本沒有機會再賭！

真正的賭徒其實不在乎輸贏，他們追求的只是賭博時的快感。他們也不會為失去的錢財感到惋惜，因為少輸對他們而言就已經是贏。

面對執迷不悟的賭徒，聰明的人不會試圖透過賭贏讓對方幡然悔悟，而是根本不讓對方賭。因為，他們知道「以賭治賭」只是用問題解決問題。

有個下士，因為好賭惹惱了上司，上司便把他調到別的單位。

下士來到新的單位報到，新上司看見這名下士的紀錄上寫著「此人好賭」這幾個字，便問他：「你這樣好賭，究竟都賭些什麼啊？」

下士誠實地回答：「我什麼都賭。譬如現在，雖然我才第一次見到您，但我敢跟您打賭您的右手臂上有塊胎記。如果沒有，我願意給您五百元。」

「那你就等著付錢吧！」新上司聽了這話，迫不及待地把上衣脫掉，露出光滑白淨的右手臂，笑著對他說：「你仔細瞧瞧，

我的右手臂哪來的胎記？快把五百塊拿來！」

下士願賭服輸，二話不說就從口袋裡掏出五百元交給新上司。

當天晚上，這名新上司遇到那名下士原單位的上司，便得意洋洋地對他炫耀說：「你那個好賭的部下，一來我這個單位，就被我整治了一下，一口氣輸給我五百元呢！」

只見他的同僚愁眉苦臉地說：「這沒什麼好高興的，傻瓜！那賭鬼離開之前跟我打賭兩千塊，說他一見到你，就可以讓你在他面前脫衣服。哼，你贏的那五百元，可是用我輸的兩千塊錢換來的呀！」

整治賭鬼最好的方法，不是讓他狂輸，而是讓他根本沒有機會再賭！

因為，並不是每個人都能從失敗當中得到教訓，有些人即使遭遇失敗，也只會責怪自己運氣不好，或是埋怨時機不對，但是無論如何怨天怨地，他們就是不會責怪自己。

賭徒如是，投機客也如是。對付這種人，失敗往往只會令他們越陷越深，因為越是失敗，越想要翻身。

唯一可以拯救他們的方法，就是讓他們沒有機會再賭，也就是讓他們沒有機會再輸。這種人只要不繼續輸下去，便已是萬幸。

事情越小，越要用心做好

 生活中的許多瑣事，做得再好也不會有獎賞，但這些正是別人用來評價一個人的依據，這些反應了一個人做事情的態度。

　　許多不重要的東西，其實扮演了關鍵性的角色。所以，當人們輕率否定一樣小東西的同時，或許也在不知不覺中斷絕了自己的後路。

　　追求人生目標的時候，應當充滿信心和希望，但是，千萬不要好高騖遠，忽略了應當注意的細節，更不要把墊高自己高度的基礎事物抽掉。

　　從前，有個殘暴又愚蠢的國王，異想天開地想要把天上的月亮摘下來。

　　於是，他命令全國最有名的木匠替他造一座登天的梯子，如果三天之內不能完成，就處死木匠。

　　木匠想了半天，也想不出這座登天梯該怎麼造。

　　於是，木匠大著膽子向國王建議說：「陛下，我左思右想，覺得用登天梯摘月亮實在不是個好辦法。您想想看，登天梯雖然可以幫助您到天上摘月亮，但是摘到月亮以後，您必須兩手捧著月亮，哪還有手扶著梯子爬下來呢？我認為陛下不如下一道命令，

吩咐全國百姓將家中所有箱子送到廣場上，這麼一來，箱子疊著箱子，很快就可以疊到天上去了，您摘到月亮以後，也可以很輕鬆地爬下來，不是嗎？」

國王覺得這個主意再好不過了，立刻按照木匠所說的話，把全國的箱子都集中起來，一個一個往上疊。

箱子疊完了，距離天空還有好大一段距離，國王就命人砍光全國的樹，做成箱子繼續往上疊。

一直到箱子高達天際，國王才高高興興地爬上去。

只是，國王爬到箱子頂端後，伸長了雙手，仍差幾寸才能摸到月亮。

他命令底下的人再送一個箱子上來，可是木匠說：「我們連一根木頭也沒有了，要怎麼再做出一個箱子給您呢？」

國王一聽，暴跳如雷，氣憤地說：「那麼就把最底下的那個箱子抽出來，送上來給我好，反正那個箱子已經沒用了！」

木匠一聽，急忙遵從國王的吩咐，動手抽出最底層的那個箱子。結果，這個昏君頓時從天上摔到地上，變成了肉醬。

作家穆尼爾‧納素夫曾說：「人的生活方式如果一味地延續一系列的舊習慣，那麼毫無疑問的，他會淪為生活的奴隸。」

人最糟糕的壞習慣就是好高騖遠，輕忽那些看似細微的事情，就像故事中那位殘暴而愚蠢的國王。

越是不起眼的地方，其實重要性越高。

你知道日本人是從哪些地方來評價一間公司的嗎？在許多日本人的心目中，泡茶是招呼客人很重要的一個儀式，如果這間公司的職員泡出來的茶不好喝，那麼人們便會認為這間公司的營運

績效一定也不佳。因為，這間公司連泡茶這種小事都做不好了，還能做好什麼大事呢？

　　生活中的許多瑣事，其實都像隱藏在底層的箱子一樣，看似無用，做得再好也不會有獎賞，但這些正是別人用來評價一個人的依據，因為這些瑣事反應了一個人做事情的態度。

　　因此，越是細微的小事，越要用心做好它。

　　要記住，通往天堂的道路，正是用這麼一個個小箱子堆疊起來的。這些小箱子一個都不能少，而且每一個都必須做到最好。

正視失敗，才能避免再次受傷害

 一味朝容易的地方走，逃避自己的痛處，但是卻永遠找不到自己遺失的東西，也無法從失敗中習得教訓。

如果可以選擇，人們當然會挑比較容易的事情做，設法逃避困難的事。

然而，容易的事情對提升自己的能力其實沒有幫助，唯有迎向困難，才能徹底解決問題，讓自己更上一層樓。

一天晚上，有個傻瓜不知道為什麼在馬路上把一只金戒指弄丟了。他連忙蹲下來尋找，但是路燈不夠亮，傻瓜找了半天，什麼也沒有找到。

突然間，他像想起了什麼似的，忽然站起來，一路朝家裡狂奔而去。

傻瓜一進家門，立刻趴在地上到處摸索。

他的妻子看見他一下子鑽到桌子底下，一下子又爬到床鋪底下，感到非常奇怪，便問：「你到底在找什麼東西啊？」

傻瓜喘著氣回答：「我在找我的金戒指呢！」

妻子一聽，覺得更奇怪地問：「你是什麼時候把金戒指丟在家裡了？你早上出門的時候，戒指不是還好好的戴在你手上嗎？」

「是這樣沒錯，但是我回來的時候，不小心把戒指掉在馬路上了。」傻瓜振振有詞地回答。

妻子聽了，好氣有好笑地罵道：「你真是個傻瓜，既然戒指是掉在馬路上，那你為什麼要在家裡找啊？」

傻瓜不急不徐地解釋：「因為家裡比馬路亮得多啊！」

在哪裡跌倒，就從哪裡爬起來；東西在哪裡掉，就到哪裡找。這是極為淺顯易懂道理，只不過許多自以為聰明的人，總是喜歡用問題解決問題，把簡單的事情搞得異常複雜。

跌倒了，從別處爬起來或許會比較輕鬆，但若是那樣，將會像故事中的傻瓜一樣，一味朝容易的地方走，逃避自己的痛處，但是卻永遠找不到自己遺失的東西，也無法從失敗中習得教訓。

因此，每個人都應該正視自己的失敗，跌倒了，就要立刻爬起來。

專心地注視著傷口固然不會令它復原得比較快，說不定還會讓自己感到加倍疼痛，但也唯有如此，你才能徹底地自我反省，把今天的痛苦化為明天的前進動力，不再重蹈覆轍。

真有實力，哪怕別人搶得先機？

別人或許可以搶走你的功勞，但是你真正的才
華，卻是他人怎麼搶也搶不走的。

當身邊出現喜歡搶鋒頭的人奪走了你的光彩，你該怎麼辦？

正確的做法是繼續發揮你源源不斷的才華將對方擊垮，絕不
是為了失去某一個表現的機會而暴跳如雷。

下面這則故事將要告訴你，只有傻瓜才會和這種人正面衝突。

有個傻瓜拙於言詞，從來不會說好聽的話。一次，他岳父過
生日，傻瓜的老婆叫他向岳父大人祝壽，臨行前特地交代他：「見
到父親時，記得要對他說：『敬祝泰山大人福如東海，壽比南
山！』你記好啊，可別忘了啊！」

傻瓜一邊走一邊默唸那幾個字。原本已經背得滾瓜爛熟了，
沒想到在通過一座獨木橋時，傻瓜感到十分害怕，頓時腦袋一片
空白。結果，等到他好不容易安全過了橋，那句話卻怎麼想也想
不起來了。

傻瓜心想，那句話肯定是他在過橋時慌亂之中遺失的。於是，
他便壯著膽子，在橋上來來回回走了好幾遍，希望能把那句話找
回來。只是，他找了老半天，依舊一無所獲。眼看岳父大人的壽

宴就要開始了，傻瓜別無他法，只好硬著頭皮帶著一顆空空的腦袋，匆匆忙忙趕到岳父家。

當傻瓜踏進岳父家門時，正好聽見大女婿舉杯向岳父敬酒，嘴裡字正腔圓地說：「敬祝泰山大人福如東海，壽比南山！」

傻瓜一聽，胸中燃起了一把熊熊的怒火，不管三七二十一，就一個箭步上前，抓著大女婿的衣領罵道：「原來是你這個卑鄙小人趁人之危，把我的好話撿走，害我在橋上找了半天都找不回我的好話，現在只能當眾出醜了！」

不知道你是否有過這種經驗，自己苦心思索出來的妙點子，卻被人搶先一步發表。於是，所有點子都變成別人的，所有的光環也變成別人的。

這種感覺真不好，明明就是自己想出來的東西，卻因為別人奪得先機，讓人不但無功而返，就連苦勞都沒有！然而，換個角度想一想，有創意不代表勝利，更重要的是，之後要如何執行創意，讓創意與現實完美地結合。

的確，贏在起跑點可以說是佔了上風，但是，贏在終點才是真正的勝利。

當別人盜用了你的點子，或是與你有相同的表現時，不要氣，也不要慌，人生是一場漫長的競爭，如果真的有實力，哪還用得著擔心日後沒有更好的表現？如果你真的更勝人一籌，那麼往後一定還會有更多、更好的創意。

別人或許可以在某個期間搶走你的功勞，但是你真正的才華，卻是他人怎麼搶也搶不走的。

承認無知，就不會淪為大笨豬

學海無涯，承認無知並不可恥，但若無知於自己的無知，便很可能拿鏡子當梳子，鬧了笑話還渾然不知。

聯合國曾經提出一個口號，叫做：「千萬不要死於無知。」因為，很多人之所以在不該死的時候死，就是源於醫療常識不足。

無知，不但足以奪人性命，更有可能讓人因無知而一再犯錯，就連笨死之後還不知道自己是怎麼死的。

古時候，有個人到外地做生意，他的妻子叮囑他記得替她買一把梳子回家。這個人從來沒有見過梳子，便問妻子梳子長成什麼樣子。

這時候，天上高掛著一彎新月，妻子靈機一動，指著月亮說，「瞧，梳子的形狀正好和月亮一樣！」

丈夫辦完事情準備踏上歸途，突然想起妻子的叮嚀，朝天上一看，正好是圓圓的一輪滿月。丈夫於是按照月亮的形狀，買了一面鏡子回家。

不料，妻子從來沒有見過鏡子，她接過鏡子一看，不禁破口大罵道：「叫你買梳子你沒買，竟給我帶了個小老婆回來！」

男人的母親聽見夫妻倆爭吵的聲音，上前探個究竟，她看著

鏡子，也忍不住大聲嚷嚷：「哎呀，我的兒子啊，既然你有那個膽子討小老婆，怎麼不挑個年輕點的呢？你看，那老太婆的年紀差不多都可以當你媽了！」

隔壁鄰居聽見這戶人家吵鬧聲不斷，一狀告上官府，公差來到這戶人家抓人。

但是，公差看到那面鏡子，頓時也慌了手腳，連聲問：「咦！怎麼已經有一個公差在這裡了？」

進了官府，公差把那面鏡子交給知縣大人，知縣大人見了，勃然大怒地說：「你們夫妻不和，本官自有公斷，你們居然找了別的官員來到公堂，究竟有沒有把本官放在眼裡啊？」

一個小小的鏡子，竟惹來這麼多誤會。只因為，沒有人知道那個東西叫「鏡子」，也沒有知道那個東西是做什麼用的。

我們不能責怪別人的無知，因為他們也不是故意要這麼無知的。但是，不願認自己無知，又愛隨意下結論，便很可能引來「有知者」的訕笑，並且造成其他無知者更大的恐慌。

蘇格拉底有句名言是說：「承認無知，是智慧的起點。」

在知識、科技一日千里的現代，承認無知並不可恥，但若是不敢面對自己的無知，一味想要掩飾，便很可能拿鏡子當梳子、把老太婆看作是小老婆，鬧了笑話，被當成大笨豬還渾然不知。

為自己而活，生命才會精采

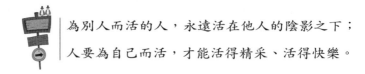

為別人而活的人，永遠活在他人的陰影之下；
人要為自己而活，才能活得精采、活得快樂。

人若是太在意外界的評價，就會失去自己內在的自信基石。
人如果老是想要做給別人看，久而久之，便看不見自己真正的面
貌。

別人的讚美並不能讓你活得更好，除非你真的如同別人所說
的那麼好。反過來說，如果你真有那麼好，又為什麼還要在乎別
人的評價呢？

一個傻瓜走在路上，看見一個人被國王處以鞭刑以後，立刻
把馬糞塗在傷口上，說是要讓傷口早日痊癒。

傻瓜見狀，感到非常高興。他覺得自己活了大半輩子，別說
是知識，就連一點常識也沒有。如今居然這麼輕易就學得了一個
實用的知識，一定得好好發揮一下，讓那些瞧不起他的人都對他
刮目相看才行！

傻瓜於是急忙回到家，自信滿滿地對兒子說道：「我已經學
得治療鞭傷的妙方了，這可是很少人知道的方法，我得好好試驗
一下！」

「可是，我們家裡沒有人有鞭傷啊？」兒子一臉疑惑地說。

傻瓜回答：「那還不簡單？你快用鞭子打我的背，很快就會有鞭傷了！」

就這樣，傻瓜的背被他兒子鞭打得血肉糢糊，然後，他再忍著疼痛出門撿馬糞塗抹在傷口上。

雖然傷口痛得他舉步維艱，但是傻瓜心裡卻覺得十分滿足，因為他覺得自己做了有生以來最聰明的一件事。

為了印證自己的聰明，結果讓自己活活剝下一層皮，這和那些打腫臉充胖子的人又有什麼不同呢？

一個人如果自己不能肯定自己，那麼即使得到了全世界的肯定，他的內心依舊無比空虛。

因此，肯定自己，是人們必須花一生時間學習的課題。

除非你認同，否則沒有人可以讓你感到自卑。為別人而活的人，永遠活在他人的陰影之下；人要為自己而活，才能活得精采、活得快樂。

PART 11

不僅知道，
還要做到

當你總是無法下定決心開始進行某一個工作時，

當你總是缺乏毅力貫徹時，

或許是因為你對這件事情的了解還不夠深入。

不僅知道，還要確實做到

 當你總是無法下定決心開始進行某一個工作時，當你總是缺乏毅力貫徹時，或許是因為你對這件事情的了解還不夠深入。

有句強調行動力的話是這麼說的：「知道了不去做，就等於不知道；做了沒有結果，就等於沒有做。」

行動比思想更加重要，一個人想什麼，只與他自己有關；但是一個人做了什麼，卻可能改變全體人類的命運。

思想上的勇氣人人都有，但行動上的勇氣卻相當稀罕，也因此，大多數人都是言語上的巨人，行動上的侏儒。

話說經濟大恐慌之後，美國政府花了許多心力建設鐵路，但相對的，鐵道意外事故也頻傳。

為了減低事故發生的機率，美國鐵路當局特地舉辦了一次交通安全口號的徵文比賽，希望可以用一些簡單明瞭的字眼，提醒民眾多注意自身安全，落實「交通安全，人人有責」的精神。

消息傳出之後，投稿的信件如雪花般飛來。經過專家小組的評選，鐵路當局決定用最簡單有力的「停、看、聽」三個字，作為鐵道安全的口號，希望每個人在經過鐵路平交道時，都能及時想起這三個字。

　　然而，這三個字的口號雖然有效減低了意外發生的機率，卻仍然有些人因為一時大意，不小心成了火車之下的亡魂。

　　有天晚上，又有一個酒醉開車的駕駛者硬闖平交道，結果被疾駛而來的火車當場撞死。

　　警方後來赫然發現，這個醉漢正是當初提出「停、看、聽」這句標語的投稿者！他知道，可是卻沒有做到。

　　「知易行難」，這句話大家都知道，可是，只有少數人用這句話警惕自己，大多數人卻用這句話安慰自己，一廂情願地認為，缺乏行動力其實是人與生俱來的弱點之一。

　　那麼，到底要怎麼樣才能改善這個通病呢？有人提出了一個方法，那就是把自己該做的事情徹底弄清楚。當你總是無法下定決心開始進行某一個工作時，當你總是缺乏毅力貫徹某一件事情時，或許是因為你對這件事情的了解還不夠深入，或許是因為你下的功夫還不夠多。

　　正如故事中那個酒醉駕車的死者，如果他真的徹底認識闖越平交道可能會面臨的嚴重下場，或許，他便會盡力做到「知行合一」。

　　很多人該做的事情沒有做，不該做的事情又做了，往往都是因為知道得不夠多，卻又以為自己已經都知道了。

微笑是解決問題的特效藥

> 經常發怒的人，朋友一定少，心情也不會好。只有用微笑面對一切的人，才能輕鬆地解決一切。

有位人際關係大師曾經說過：「能讓一個人開懷大笑，你已經鋪好了與他之間的友誼橋樑。」

要結交一個朋友很簡單，只要想辦法讓他笑就行了。相對的，要樹立一個敵人也很簡單，只要想盡辦法讓他成為別人的笑柄，他自然就會討厭你。

一家公司招待外賓到飯店吃飯，由於這筆生意非常重要，董事長除了派出所有一級主管之外，還特地加派一位新進職員隨侍在側。

上菜之後，那位年輕的新進職員立刻上前一一為客人以及眾主管斟酒，豈知他的手不小心滑了一下，竟然將整瓶酒嘩啦啦地倒在一位禿頭主管的頭上。

這個突如其來的狀況，令大夥兒驚駭不已，一時之間全都看得目瞪口呆，不知道該怎麼反應才好。

那位新進職員更是嚇得臉色發白，傻愣愣地呆立在一旁，等著挨罵。

就在這個進退兩難的時刻，只見那位禿頭的主管拿起餐巾，往自己的頭上擦了擦，然後笑著對大家說：「年輕人畢竟是年輕人，他竟然以為用這種方法就可以治好我的禿頭？唉……這個方法其實我老早就已經偷偷試過了。」

話一說完，全場人士爆出一陣笑聲，尷尬的氣氛頓時煙消雲散。

有句話說：「微笑能解決問題，皺眉只會緊鎖問題。」

這句話說得一點兒也沒錯，微笑正是解決尷尬問題的特效藥。

經常發怒的人，朋友一定少，心情也不會好。只有懂得用微笑面對一切的人，才能輕鬆地解決一切。

微笑人人都會，但是要在應該生氣、應該嘆氣，甚至應該哭泣的時候還能夠笑得出來，這就非得要有高深的內涵與修養才行。

能夠開朗微笑的秘訣在於：「付出得多，計較得少。」不要問自己是為什麼而笑，只要試著微笑就對了。

用更糟的消息安慰自己

當我們遭遇不幸時，不要害怕，也無須太過傷心，只要世界上還有許多更糟糕的事情，或許就能感受到一絲安慰與慶幸。

壞事年年有，誰也不知道哪一年會特別多。遇見壞事，應該用積極的方法讓它變沒事，而不是坐困愁城。

下面這一則故事，正是要告訴你如何不用問題解決問題，讓人即使碰到壞事也不礙事，就算做了壞事也能沒事！

據說一休大師從小就非常聰明。

他的老師有一只非常心愛的茶杯，價值非凡，對老師來說有特殊的意義。

沒想到，有一天，一休在玩耍的時候，竟然不小心把茶杯打破了。正當他感到非常害怕，不知該如何是好的時候，老師正好走進房間。

一休驚慌之餘，立刻把茶杯的碎片藏起來。

接著，他假裝若無其事地向老師請益說：「老師，你知不知道人為什麼一定會死？」

老師回答：「人老了就會死，這正是大自然的定律。每樣東西都有它一定的壽命，大限到了，自然就會死，我們不用害怕，

也無須太過傷心。」

　　此時，一休才拿出茶杯的碎片，對老師說：「老師，請您不要傷心。您的茶杯大限到了。」

　　沒有人喜歡聽到壞消息，然而，人的心理真的很奇怪，在接受壞消息之前，如果先告訴他一個更壞的假消息，然後再告訴他那個比較不壞的真消息，兩者相比較之下，他非但不會遭受打擊，反而還會欣然接受那個壞消息。

　　正如一休先引導老師想到人類的死亡，再告訴老師茶杯破掉的消息，讓老師先有了最壞的心理準備。所以，老師原本想到的或許會是：「怎麼辦？我最心愛的茶杯竟然破掉了！」現在卻只會想到：「萬物終有盡頭，破掉的只不過是個茶杯而已。」

　　下次，扮演「烏鴉嘴」這個角色的時候，不妨用用這招。

　　更重要的是，當我們遭遇不幸時，不要害怕，也無須太過傷心，只要世界上還有許多更糟糕的事情，或許就能感受到一絲安慰與慶幸。

價值遠比價格更重要

出手闊綽或許能夠引來旁人羨慕的眼光，但唯有簡約惜福的生活，才能贏得別人發自內心的讚賞。

現代社會總是用金錢來衡量一個人的身份、地位，其實，一個人有沒有錢，不是看他花得起多少錢，要看他是否具備了有錢人的眼光與肚量。

人生貴在超越自己，只有望向更高更遠的世界，人才能開拓自己的視野，不至於老是用那些身外之物裝飾自己。

一位老闆早上開工，就遇到一名員工興沖沖地跑來跟他說：「老闆，您今天穿的西裝和我前幾天買的那套一模一樣耶，請問您是花多少錢買的？」

老闆聽了，臉色一變，沉聲說：「我的西裝怎麼可能會跟你的一樣，我想大概是你眼花看錯了吧！」

員工不死心，硬是把老闆身上所穿的西裝，從頭到腳仔細打量了一遍，堅持地說：「不，您這套西裝和我那一套真是一模一樣，不但顏色一樣，款式也一樣，就連商標、尺寸、質地、觸感都一樣。」

老闆被說得百口莫辯，只好反問這名員工說：「那你倒說說，

你那套西裝是用多少錢買的？」

「很便宜，我殺價殺了老半天，最後只花五千塊錢就買到了。」

「那就對了嘛，」老闆很高興地說：「我就說我們倆的西裝絕對不一樣，我這套是花一萬塊錢買的，怎麼會跟你的一樣？」

這個老闆明明是多花了冤枉錢，卻為了堅守自己「老闆」的身分地位，反而還為此感到沾沾自喜，旁人看了怎麼可能不覺得可笑呢？

這種現象也說明了，人一旦有錢後，買東西的目的通常是在炫耀自己花錢的能力，不在於買到什麼東西。

對許多人而言，東西的價格比價值更加重要，這些人買東西時想的不是自己得到了什麼，而是人家看到了什麼。

可是，這不是本末倒置嗎？

一名富可敵國的企業家曾經告誡年輕人說：「**要消費，但是不要浪費。**」

功成名就之後，出手闊綽或許能夠引來旁人羨慕的眼光，但唯有簡約惜福的生活，才能贏得別人發自內心的讚賞。

懂得惜福，才會幸福

每種生活其實都有每一種生活的幸福。幸福無處不在，但是只有用心珍惜的人才能感受得到。

古希臘哲學家亞里斯多德曾經說過：「人生的最終目的，就是追求幸福。幸福就是不受阻撓的活動。」

人的需求其實不多，只要擁有自由，就有幸福。

有個俊美的吹笛人，牧笛吹得比誰都要好，歌聲比誰都還要嘹亮。凡是他所到之處，總是吸引著許多姑娘的眼光。

一天，吹笛人來到一處森林，坐在石頭上吹著悠揚的樂曲。

森林裡的仙女聽到了，為那醉人的笛聲深深感動，立刻飛到吹笛人的身邊，對他說：「聽到你笛聲的人都迷戀你，看見你樣貌的人都愛慕你，你真是世界上最幸福的人啊！」

吹笛人苦笑著說：「我怎麼會幸福呢？我為了要讓人們看見我、聽見我，每天從早到晚從一個地方走到另外一個地方，可稱得上是一個不幸的流浪漢呢！如果我可以變成一座金雕像就好了，到那個時候，我什麼也不用做，人們就會主動跑過來看我，那時我才可說是世界上最幸福的人啊！」

仙女沉思了一會兒，決定成全他的願望。她用仙女棒輕輕觸

了一下吹笛人的身體，吹笛人立刻變成了一座閃爍無比的金雕像。

附近的人聽說吹笛人變成了金雕像，紛紛跑過來看他。

到了晚上，人們在金雕像前升起了營火，圍繞著金雕像盡情唱歌跳舞。

吹笛人也想和人們一塊兒同歡，想吹奏手中的金笛子，可是他的金手無法舉起來；他想引吭高歌一曲，可是他的金喉嚨卻發不出一點聲音；他想跟姑娘們手拉著手跳舞，可是他的兩隻腳卻牢牢黏在金座台上；他想哭，只是他的金眼睛裡根本流不出一滴淚水。

吹笛人這才知道，從前那種自由自在的流浪日子，其實是多麼幸福啊！

每種生活其實都有每一種生活的幸福。

有錢的日子雖然很好，但是窮人認真打拚的生活，也是一種踏實的幸福。能夠不勞而獲雖然很好，但是一分耕耘一分收穫，從付出的過程中見證自己的能力，也是一種幸福。

每個人都希望自己身體健康，無病無痛，但若事與願違，一樣可以從與病魔抗戰的過程中，體驗到生命的可貴與堅韌，不也是另一種幸福？

懂得惜福，不怨天尤人，日子才會過得幸福。幸福無處不在，但是只有用心珍惜的人才能感受得到。

是傻氣，也是福氣

在物質上或許會有所損失，但是心理層面上的安然自在卻無人能比，那畢竟才是人生最大的財富與智慧啊！

做人太傻，或許會失去很多東西，但卻可能因此多了不少快樂。有些傻瓜其實並不像我們認為的那樣傻到無可救藥，只不過心腸軟了一些，自然也比較容易聽信別人的鬼話。

對這些人而言，糊塗或許也是一種幸福。

有個人從市場買了一頭毛驢回家，附近的兩個小偷看見了，便計劃要偷走他的毛驢。趁著深夜，一個小偷躡手躡腳地潛進屋裡，卸下原本套在毛驢頭上的繩子，套在自己頭上，另外一個小偷則立即把毛驢牽走。

隔天一早，驢主人發現栓在屋裡的毛驢不見了，韁繩綁住的卻是一個活生生的年輕人，感到非常奇怪。

那名年輕人立刻跪在驢主人面前，哭道：「主人啊，我其實原本是一名寡婦的獨生子，因為不學好，所以我媽媽才詛咒我，罰我變成驢子。但是剛才可能是因為媽媽後悔了，祈求上帝饒恕我，所以我才又變回人。既然您買下我，那麼我就是您的奴隸了，您說要怎麼辦就怎麼辦吧！」

　　驢主人雖然覺得倒楣，但也不忍心讓這名寡婦的獨生子一輩子做自己的奴隸，只好大發慈悲地說：「既然這樣，那我就放你走吧。希望你今後好好做人，千萬別再變回毛驢啊！」說完，便將他放了。

　　幾天之後，驢主人再次來到市場，突然發現他上次買回家的那頭毛驢又出現在市場裡。

　　於是，他便走到那頭毛驢身邊，小聲對他說：「畜生，叫你好好做人，你怎麼就是不聽呢？如今你又變成一頭毛驢啦，唉！這都要怪你自己呀！」

　　故事中的驢主人看似愚蠢，實際上卻比你我都還要有福。

　　想想看，如果今天驢子被偷的人是你，你會作何感想？生氣、難過、搥胸頓足總是難免的。

　　但是，驢主人卻選擇相信了小偷的謊話，當自己是放人一條生路，做了一件好事，你看，這樣的想法豈不是愉快多了嗎？

　　許多人從小就被教育做人要聰明一點，將來在社會上才不會吃虧。然而，看看你我身邊的人就不難發現，越是聰明的人，吃的虧越多。

　　反而是那些笨到被賣了還替人數鈔票的人，在物質上或許會有所損失，但是心理層面上的安然自在卻無人能比，那畢竟才是人生最大的財富與智慧啊！

擁有美德是幸福的起點

不管缺乏什麼東西都可以靠勤能補拙，唯獨缺乏優良的品行，是再怎麼努力也無法補救的。

歷經世事的人都知道，內在的美德比外在的一切更經得起時間考驗。

人可以什麼都沒有，但是不能沒有美德。擁有良好的美德，就會受人尊敬、受人喜愛，如此還怕幸福不來嗎？

有一個富有的老先生，為了要替兒子物色適合的媳婦，便從自家果園裡採了一車李子，然後用馬車載著李子到隔壁村，一邊走一邊叫嚷道：「李子換垃圾！李子換垃圾！」

隔壁村子的姑娘們見了，笑著說：「這真是個傻子，我們快回家打掃，拿垃圾換他的李子！」

很快，姑娘們紛紛送來一袋袋的垃圾，喜孜孜地對老先生說：「多虧你來了，我們才有機會好好把家裡清掃一番！這也要慶幸我們平時沒有好好整理家中環境，否則，今天怎麼能拿出這麼多垃圾交換你的李子啊？」

老先生不管對方拿出多少垃圾，全都一一收下，並且按垃圾多寡分給她們李子。此時，一個年輕姑娘來到他面前，遞上用衛

生紙包著的一點垃圾。

老先生奇怪地問：「姑娘，你怎麼只拿這麼一點點垃圾換李子啊？」

姑娘不好意思地回答：「這點垃圾還是鄰居送我的，要不然，我家裡可是連一點垃圾都找不到呢！」

老先生一聽非常高興，他終於為兒子找到一位勤勞、愛乾淨、懂得打理家裡的好姑娘啦！

其餘姑娘知道這件事後，人人都臉紅了起來，她們也立志要向這名年輕姑娘看齊，做一個勤勞持家的好姑娘。

這個愛整潔的姑娘固然值得全天下女人學習，但是這個老先生選媳婦的智慧，也同樣值得作為全天下男人的借鏡。

能夠找到一個樣貌佳、學歷高、收入豐厚的伴侶固然令人羨慕，但在夫妻共同相處的漫長歲月中，這些外在條件對婚姻品質並沒有多大的幫助，反倒是另一半的個性、品德、人格特質等，才是維繫婚姻的主要元素。

無論是男人還是女人，除了在追求社會地位上的卓越之外，別忘了，個性上的美德，才是人生最重要的本錢。不管缺乏什麼東西都可以靠勤能補拙，唯獨缺乏優良的品行，是再怎麼努力也無法補救的。

要謙虛，不要沾沾自喜

宇宙萬物的力量是無限延伸的，是超乎我們想像的。當你的優勢比別人多時，真的就比較優秀嗎？

常有人感慨的說，進入研究所後才知道什麼叫做人外有人、天外有天。在高手環繞的環境中，無論當年在班上如何叱吒風雲，也只是小巫見大巫。

然而，研究所畢竟也只是學習的其中一個階段，在社會的大學、世界地球村中，還隱藏著更多不知名的高手。

人是需要比較的，在比較中我們能知道自己的優缺點，可是若因為比別人優秀就沾沾自喜，那反倒成了愚昧的表現。

要知道一山還有一山高，懂得適度謙虛，才有更寬闊的迴旋空間，也較有機會得到別人的指導，讓自己更上一層樓。

有一群商人出海做生意，當他們所乘的大船準備通過一個峽谷時，突然出現了一隻大魚，一口將他們連人帶船吞下了肚子。

這魚又稱為鯤，當這隻鯤魚吃飽後快樂地在海裡游來游去時，剛好一隻大鵬鳥飛了過來，在空中盤旋了幾圈，突然俯衝下來，用爪子一把捉住鯤魚，兩三下鯤魚就消失在大鵬鳥的口中，進入牠的五臟廟裡。

　　大鵬鳥離開了大海，飛越高山，來到一個大人國。牠在巨人的身旁飛來飛去，翅膀拍得嗡嗡作響，熟睡中的巨人被大鵬鳥吵醒，以為是一隻蒼蠅停在臉上，一巴掌揮了過去，把大鵬鳥打死在崑崙山頂上。

　　過了好長一段時間，經過日曬雨淋，大鵬鳥和鯤魚的屍體腐爛了，大船才有機會脫離困境，再度見到天日，但是船擱在山岩上，根本沒辦法移動，商人們只能苦惱地坐在石頭上嘆氣。

　　這時候，一陣驚人的腳步聲傳了過來，原來是一個頭頂著天、腳踩著地的巨人經過。

　　商人們趕緊向巨人求救，請他幫忙找出回家的方法，巨人說：「我沒辦法幫你們，但是你們可以去問巨石大人。」

　　商人們找到了巨石大人，他正坐在一塊大石頭上，頭頂著天。大家向他哀求，請他幫忙解決困難，巨石大人為難地說：「我也沒辦法幫你們，你們去問問看眠石王姥姥有沒有辦法好了。」

　　只見王姥姥躺在石頭上睡覺，光是她的雙乳就碰到了天頂。大家哭著跟她請求，請她幫忙大家重回家園。王姥姥看他們哭得很可憐，就答應了。

　　她抱起巨石寶寶領著商人慢慢走上山頂，去搭乘他們的船，但是一看，大海還在千里之外，於是王姥姥就坐在船邊用手輕輕地捏一下巨石寶寶，寶寶的淚水立刻源源不絕地湧了出來，大船就這樣一路隨著淚水涔涔地流下崑崙山，一路衝到千里外的大海。

　　商人們見狀，立即豎起船桅，掛好帆布，順著風開開心心往家的方向駛去。

　　光是巨石寶寶的眼淚就足以載著大船游向大海，那麼抱著寶

寶的王姥姥又是何等巨大呢？

在一層層的求助下，我們了解了天地之大，相對之下，人類是何等藐小，宇宙萬物的力量是無限延伸的，是超乎我們想像的。

沒有人能十全十美，當你的優勢比別人多時，真的就是比較優秀嗎？男人真的比較強壯嗎？大人真的比較有能力嗎？

相信這些都沒有絕對肯定的答案。

與其跟別人比較，不如跟昨天的自己比，認真想想今天是不是又比昨天更進步了呢？

相信自己，你也可以改變世界

> 不要害怕與眾不同，只要相信自己的信念，立場穩當，聲音堅定，言之有理，你也可以扭轉局勢。

　　當人們面對污濁的環境卻又不能離開時，往往只有兩條路可以選擇：第一，改造它；第二，與它同流合污。

　　第一條路往往有很高的難度，第二條路則是墮落的開始。這個時候，你會選擇哪一個？

　　有一部電影叫〈金髮尤物2〉，當主角艾兒看到爲人民喉舌的國會議員們在處理事情上竟然採取忽視的態度，試圖減少麻煩，她選擇點出這個事實，也改變了國會的陋習。

　　害怕成爲人群中的少數是情有可原的想法，但千萬不可爲了服從多數而違反自己的意願，成就不合理的事。視而不見或盲目跟從絕非好事，因爲，你可能就是下一個受害者。

　　從前有一個國家，在一次水災過後發生了瘟疫，這場瘟疫很奇怪，沒有任何人或牲畜死亡，但卻出現越來越多發瘋的狂人。所有醫生聚集在一起研究之後，發現原來是河水受到了污染，舉凡喝過受到污水的人，全都會在一夜間發狂，找出了原因，卻沒有人能找出解藥來。

　　國君得知這個消息後，找來全國最聰明的大臣共同商量，猜想在地底下最深處的水，可能還沒受到污染，因此馬上派人開挖。

　　可是，地底下的水量有限，大多數的人民無法使用那裡的水，為了活命，愈來愈多人喝下受污染的水而瘋狂。

　　不久，連地底下的水也枯竭了，國君再度和大臣商量，決定派人往山中尋找尚未融化的冰雪和山泉水，帶回宮中儲存。

　　但是由於路途遙遠，搬運不便，帶回來的水量愈來愈少，發狂的人也愈來愈多。到最後，連國君身邊的人都染上了瘋病，全國的人統統發瘋，只剩下國君一個人還正常。

　　因此，所有的國人反而認為他們的君主生病了，急需要醫治。他們群聚在一起，商量要怎樣捕捉國君，治療他的狂病，接著，他們還準備了艾草、針灸、草藥等等藥材，說是要替國君治病。

　　國君看到宮外一群狂人要捉他，嚇得躲在床底下不敢出來，等到狂人們將皇宮的最後一道大門敲開後，國君再也無法躲藏，被五花大綁帶走了。

　　發瘋的醫生們開始用盡所有的方法來治療國君，每天不是針扎就是灌苦藥，只見國王一下子泡在冷水，一下子泡在滾水裡，有時候還被脫光衣服，身上被塗上一層臭氣沖天的雞屎、狗屎，然後被放在屋外曬上一整天，要不就整個人被埋在土裡，只露出一顆頭來。

　　有一天，國君再也忍受不了了，趁大家不注意，掙脫了束縛，衝到河邊大口大口地喝著受污染的河水，喝完後他就瘋了。

　　這時候，全國老老少少大家一起歡呼，因為在他們的眼裡，國君的病終於好了。

從這個諷刺的故事，可以看出群集力量的可怕，唯一清醒之人，竟然落得如此下場，除了感嘆之外，也只能說是自作自受。

國君原本有機會挽救這個局面，只要對人民倡導河水有毒，改掘井來飲水，在問題解決前先擬好替代方案，也不會有後來的下場。

日本企業家稻盛和夫曾說：「人生的道路是由心來描繪的。所以，無論自己處於多麼嚴酷的境遇之中，心頭都不應任由悲觀消極的想法縈繞。」

不要害怕與眾不同，只要相信自己的信念，立場穩當，聲音堅定，言之有理，你也可以扭轉局勢。

PART 12

充滿希望，
才能達成願望

想要成功，絕對不是空想就能實現的，

靠著機巧只求不勞而獲，

得到的也只是短暫的，

甚至會付出更慘重的代價。

卸下重物，輕快面對未知的路

沒有人可以預測人生的下一段路程是崎嶇還是平坦，但是我們可以選擇的是自己想怎麼走，是快樂前進，還是背著沉重的竹筏？

人類最大的痛苦來自於心靈，只要心靈無法輕鬆，精神上的負擔便不會解脫，自然會影響到生活、健康，事業等，讓人一蹶不振。

人往往只會將重量往心裡堆積，卻不懂得如何卸下來，久而久之，心靈就會因為負擔不了而哭泣。甚至有時候，我們還嫌外物的重量不夠，硬要自尋煩惱，徒增心靈的負擔。

要知道，一個連自己的困擾都克服不了的人，是不可能成就大事業的。

從前有一個樵夫，想要到遠方的某個村莊參加好朋友的婚禮，這段路程非常遙遠，當時的交通不方便，他又沒有馬匹，只能徒步行走。

樵夫才走完三分之一的路程，眼前卻出現一條河流，樵夫不記得有這條河，後來想想可能是前幾個月的連續大雨形成的。

這條河說大不大，說小不小，無法徒步跋涉，若要改道，就得繞過另一座山，但這樣一來時間恐怕會來不及。

　　樵夫於是決定在太陽下山之前替自己做一艘簡單的竹筏，只見他拿著隨身攜帶的斧頭走入附近的竹林開始砍竹子，然後將砍好的竹子排在一起，又找一些草搓成麻繩，謹慎地將竹子捆好。等到竹筏做好，天色也晚了，樵夫只好在荒野過了一晚。

　　第二天一早，樵夫扛著竹筏來到河邊，撐著竹竿划到對岸。順利上岸後，樵夫對自己的成品很滿意，覺得竹筏很實用，也因此陷入兩難之中，到底該不該帶著竹筏走呢？

　　帶著走的話實在很累人，不帶萬一又遇上河流，豈不得再做一艘，費時費力。

　　樵夫不捨地看著竹筏，仔細衡量後，決定背著它走。

　　就這樣，他一路背著竹筏踏著沉重的步伐往前走，汗水流入眼睛，也溼透了全身，走走停停，直到到達目的地。然而，這段路卻十分平順，竹筏自然也沒有派上用場。

　　結果卻是，竹筏的重量讓樵夫前進的速度變慢，當他到達朋友家之時，婚禮早已結束了。

　　所謂的失敗挫折，很多時候並非我們達不到目標，而是我們不斷用小事折磨自己，分散自己的注意力。想要獲得成功，就不要把時間和精力浪費在無關緊要的小事上。

　　該放下的時候就放下！懂得放下偏執，人才能活得自在快樂，才不會被心中的竹筏和肩上的竹筏壓得喘不過氣。

　　如果算一下時間，即使翻過一座山換條路走，也比背著竹筏趕路還快，這就像人生中許多放不下的牽掛，不管是名聲或者是利益，為了這些而付出自己的一輩子的心力，真的值得嗎？

　　有一種說法是，每個人一生有四顆球，分別是家庭、健康、

朋友以及事業，其中前三顆是玻璃做成的，只要一摔就破了，只有事業是橡皮製的，丟下去還會回彈。

但諷刺的是，我們卻常常把事業這顆橡皮球小心地捧著，而忽略保護其他三顆玻璃球。

寬容地對待自己和周遭的人，幽默作家蕭伯納提醒我們：「想要擁有圓融和諧的人生，就必須保持心情舒暢，滿懷信心地大步向前。」

沒有人可以預測人生的下一段路程是崎嶇還是平坦，但是我們可以選擇自己想怎麼走，是快樂前進，還是背著沉重的竹筏？

態度決定命運，一個人的悲或喜、樂或憂，都會影響自己的人生際遇。

選擇逃避，就是對未來放棄

 老是選擇逃避的人，永遠都無法跳脫這個框架，即使有一個全新的開始，一旦碰到挫折，還是會選擇逃避。

世界上有許多痛苦與幸福同時存在的故事，我們看到這些故事時，常常感動不已，但若是同樣的事情發生在自己身上，大概只剩難過的部分了。

有些人面對沮喪，選擇繼續走下去，終於找到出路；有些人則是失去自我，甚至放棄生命。很多時候只是一個念頭的轉換，人生就會大大不同。

塔羅牌中有一張「命運之輪」，當它在正面時，是最幸運的一張牌，但是輪子終究會轉動，就像人生沒有永遠的順境，當事情不如預期時，只要能把它當成一項能夠克服的挑戰，就有辦法勇往直前。

深夜，一個男人獨自在一座五十公尺高的橋上徘徊。他來來回回漫步走著，終於停了下來，站在護欄旁，看著橋下湍急的河水，接著點燃一根煙，小火花一閃一滅地映出一張漠然的臉。

他決定離開這個世界。

一生中，他努力、奮鬥過，但是命運回報的卻是不斷的挫折

與失敗。他也曾有過幸福美滿的小家庭，有溫柔的老婆和一對可愛的兒女，然而生活的現實卻讓家人選擇離開他。

於是，他縱情於感官的享受，讓自己沉淪在聲光酒色中，四處遊蕩，尋找刺激，酗酒、吸毒就像呼吸一樣的自然。儘管許多朋友勸他回頭，卻徒勞無功，到最後，他終於什麼也沒有了。

當煙快抽完時，一道聲音從黑暗中傳了過來：「先生，給一塊錢喝杯咖啡吧！」

他望向陰暗處，原來是一個衣衫破舊的流浪漢。

他突然笑了起來，丟掉煙蒂，打開皮夾對流浪漢說：「一塊錢，一塊錢怎麼夠呢？我這裡錢還不少，全部給你吧！」

他把皮夾裡約一百塊的零錢統統塞給流浪漢。

「為什麼？」流浪漢不解地問。

「哈哈！沒什麼，你儘管拿去用吧！因為我要去的地方，用不著這些了。」說完他看了一眼河水。

流浪漢突然臉色一變，厲聲對男子說：「這樣不行，先生，你不能這樣做。我雖然是個乞丐，但我不是個懦夫。帶著你的錢一起跳河去吧！」

「再見了，懦夫。」流浪漢說完把錢往河下一丟，轉頭就走。

一張張的鈔票慢慢地消失在漆黑的河中，男子愣住了。

他突然省悟，自我了斷只是逃避問題，他一直在逃避自己的人生。他朝河水看了最後一眼，然後離開那座橋頭⋯⋯

最近網路上出現徵求夥伴一起自殺的訊息，自殺已經是一種懦弱的行為，竟然還可以找人陪伴？

這樣的人不僅是懦弱，還沒用到要別人一起逃避人生。

老是選擇逃避的人，永遠都無法跳脫這個框架，即使有一個全新的開始，一旦碰到挫折，還是會選擇逃避。

只會逃避，根本無法擺脫問題，反而得永遠背負著問題，其實，越想逃避，越是容易被逼得面對現實，與其如此，倒不如主動承受，反而更能握住人生的主控權。

痛苦和快樂的距離，其實只有一線之隔，只要轉個念頭，明天就會是全新的開始。

笑也人生，哭也人生，生活就是這樣苦樂參半的組合。而這些讓人痛苦的事情，往往也都是一念之間的轉換而已。

要是一味鑽牛角尖，自然每天都苦不堪言；如果能夠換一種心態，放開胸懷，用更正面積極的態度看待眼前這些挫折與磨難，每一刻都能過得坦然自在、不受羈絆。

充滿希望，才能達成願望

想要成功，絕對不是空想就能實現的，靠著機巧只求不勞而獲，得到的也只是短暫的，甚至會付出更慘重的代價。

哲學家羅素曾說過：「希望是堅韌的柺杖，忍耐是旅行袋。攜帶它們，人可以走完世界，登上永恆之旅。」

希望雖然是個抽象的詞句，卻是幾千年來人們維持生命的元素，沒有任何的東西可以限制我們對明天的希望。

希望的存在，可以鼓舞人們的勇氣和鬥志，為每一個開始奮鬥和努力。希望，就是人生最大的財富。

從前有一個農夫，每天辛勤地工作，但還是過著貧困的生活。

有一天他到遠方的小鎮買一把耙子，回家的路上，獨自一人在森林裡行走時，碰到一個駝著背的老婦人。她告訴農夫：「我知道你是一個勤奮的人，每天辛苦地工作還是無法改善生活，我要送給你一枚魔法戒指，只要轉動它並說出願望，你就能得到你所想要的一切。不過，這個戒指只能實現一個願望，所以你在許願前必須考慮清楚。」

農夫不可置信地拿著戒指繼續上路，不知不覺月亮悄悄升起，農夫只好停下腳步，投宿在小酒館裡。

當他吃著晚餐時，跟同桌的商人聊起魔法戒指的事，商人聽得非常入迷，到了深夜便偷偷潛入農夫房間，神不知鬼不覺的用一枚假戒指換掉了真正的魔法戒指。

農夫完全沒有察覺，第二天一大早便起床離開了。

等到農夫離開之後，商人迫不及待地關緊房門，一邊說著：「我要一億兩黃金。」一邊轉動戒指。結果，無數的金子像傾盆大雨般不斷落下，商人就這樣被金子砸死了。

農夫回到家中，便將魔法戒指的事告訴妻子，妻子一聽馬上要農夫許願，希望能獲得一大片土地。

「我們必須仔細思考我們的願望，不要忘了，魔法戒指只能實現一個願望。」農夫勸妻子不要著急，並要她好好保管戒指。

夫婦倆商量後，決定再努力工作一年，先存到足夠的錢買他們想要的土地。一年後，他們真的買到一片土地，這時，農夫的妻子希望能擁有牛和馬來幫忙耕作，農夫說：「親愛的，讓我們再努力一年吧！」

這次，他們也沒有動用戒指。

就這樣一年一年過去，夫婦倆靠著自己的努力不斷實現願望。

「我們是最快樂且最富有的人了。」農夫摟著妻子，看著雙手建立起的家園：「我們不需要魔法戒指，就已經擁有所有的願望了！」

俄國文豪屠格涅夫曾經說：「人每逢為小事不愉快的時候，煩惱就會趁機來威脅他。」

如果你不想讓生活中的煩憂困擾自己，首先必須對生活抱持希望，全神貫注於自己設定的目標。

　　故事中的魔法戒指，其實就是一個「希望」。

　　為了謹慎使用這個希望，夫婦倆決定把它當成生活的後盾，他們想要這個「希望」能用在最需要的地方，因此先靠自己的力量，一件件完成願望，到最後，所有的願望都成真了，而「希望」仍然存在，那就像一個支持的動力，好好地被保存下來。

　　想要成功，絕對不是空想就能實現的，靠著機巧只求不勞而獲，得到的也只是短暫的，甚至會付出更慘重的代價。

　　想要成功，就要有信心，而信心來自於充滿希望。讓希望刺激自己的腦力，化為實踐的動力，你就能得到期望的一切。

自以為是，只會做出錯誤的事

 當我們以為自己才是標準時，就不會有寬容的心胸，因為一個裝滿水的杯子，是無法再接受任何液體的。

很多時候，我們總以為自己才是真理，因而無法接受別人的看法或建議，更糟糕的是，還將自己的標準加諸別人身上。

任何人，不管教育水準如何，都會有自己的人生歷練，只要我們願意放下身段去接觸與了解，便會發現意料之外的收穫。

所以，有時候需要學著將自己放空，試著打開視野，開闊心胸，才會發現世界原來如此美麗。

在澳洲大維多利亞沙漠的內部，一座岩山背後的小山陵上，住著一群與世隔絕、自給自足的原始部落——加達加敏族。他們的生活裡沒有所謂的種植、漁獵、農耕等產業，一切都非常的原始，也很簡單。

他們以天地為家，身上只有簡單的遮蔽物，用來擋沙漠風沙，食物則完全取自大自然，通常是從土地裡挖出植物的球根或者蟲卵、蟲蛹等等。

加達加敏族的烹調方式也很簡單，他們找來一塊大石板，將蟲蛹等食材放在上面，並在石下挖一個坑，放上枯枝，點火烘烤，

只要烤到香味四溢，便是美味豐富的一餐了。

有一天，一群來自文明世界的人前來探險。他們深入沙漠，尋找傳說中的原始人，這天剛好碰上加達加敏族，便表明想要與他們共處，好深入了解他們的生活。

然而，當這些文明人見識到加達加敏族的「吃法」之時，卻噁心得無法下嚥，直到第三天，文明人再也受不了，決定示範正常世界的飲食。

文明人觀察了地形後，發現不遠處一群與加達加敏族相處許久的野獸，正在水源旁優游自在地休息著。

文明人擦好槍管，裝上火藥，就開始獵捕行動，一連射出好多發子彈，野獸們一隻隻倒下。

文明人清理完野獸的屍體，向加達加敏族借來石板等烹調工具，做出了一道又一道色香味俱全的美食來，並請族人一同分享。族人看著野獸流了一地的血和殘骸，怎樣也不肯吃上一口。

文明不但人吃得津津有味，還從行李中翻出酒來，大口吃肉大口喝酒，酒足飯飽之後，竟然發起酒瘋，彼此拳腳相向，大打出手。

「大家快來看啊！野獸通通跑到他們體內去了！他們都變成野獸了！」族人看著文明人驚奇地說著。

文明人大聲斥喝著：「你們在吵些什麼？」

「文明人先生，還是吃蟲吧！不要吃野獸了！吃蟲絕對不會有打架、爭吵、戰爭的犯罪行為發生，吃野獸，難保牠們不會藉著你們的身體來使壞啊！」加達加敏族誠懇地說著。

英國哲學家羅素曾說：「一個人越不懂得控制自己的人，越

是察覺不出自己傷害了別人，也傷害了自己，因為眼前的事物蒙住了他的眼睛。」

　　所謂的文明人，展現出來的行為卻與野獸沒有兩樣。可笑的是，這些文明人還存在著種族歧視，自認為可以成為這些「落後」原住民的導師，教導他們如何過「文明」的生活。

　　人們常常流於物慾和某些信念的牽絆而不自覺，沉迷於外在的光環，忽略了內涵比身外之物還重要。就算是學識淵博的人，也可能在自己的各項慾望中迷路，做出自以為是的事。

　　當我們以為自己才是標準時，就不會有寬容的心胸，因為一個裝滿水的杯子，是無法再接受任何液體的。

多用腦袋，才不會受到傷害

只要在不違背道德良心的範圍內，適當的「心機」可以保護自己，還能爭得成就事業的機會。

斯達爾夫人曾說：「愈是處世圓融的人，愈有寬廣的胸襟。」

的確，肚裡能放一座山才算英雄漢，要做大事的人必須寬宏大量，即使是你內心不想原諒這個人，但表面上仍然必須表現出已經原諒他。

在戰場中時常得用到一些「奇謀」，比如緩兵之計、空城計等等，而日常生活雖然沒有真實戰場中的煙硝味，一些奇謀妙計有時也能派上用場。

生活中，總會碰到一些令自己討厭的人、事、物，有人對此選擇走避，有人直接發生衝突，有些則用智慧來面對。

對付討厭的人，吵鬧、謾罵，或者直接攻擊，通常效果不大，如此行為不僅傷身傷心，還可能壯大對方的威勢。

最輕鬆的解決方法，莫過於寬容地對待。

從前，有個樵夫和美麗的妻子住在小村外的一片森林裡。每天天剛亮，樵夫就出門砍柴，一直忙到傍晚，才會結束工作返回家中，享受妻子為他準備好的熱騰騰飯菜。

有一天，樵夫因為斧柄鬆動，無法繼續工作，便提早收工回家休息。走近家門時，卻意外發現窗戶映出兩個人影。他悄悄從縫細中偷看，原來老婆正和村裡當舖的老闆在家裡偷情。

樵夫不動聲色，若無其事地打開門來，當舖的老闆聽到聲音，嚇得趕緊躲進房間的衣櫃裡。

樵夫天生是個機智的人，並不當場點破，一進門就給妻子一個擁抱，並告訴她：「今天我在工作時，遇到了森林之神，他告訴我，由於我非常勤奮工作，所以賜給我一對千里眼，不僅可以看見幾里之外任何細小的東西，也可以見到常人所不能見到的。」說完就往房間走去。

「現在，我看到房裡藏著一件非常值錢而且奇怪的東西。」樵夫邊說，邊把櫃子上鎖。

他告訴妻子，要將這件寶物拿去賣掉，今後就可以輕鬆過日子，然後他扛著櫃子，便往村子的方向走去。

不久，他走進當舖，一把將櫃子丟在地上，把躲在裡面的當舖老闆摔得七葷八素。

樵夫對夥計說：「這個櫃子跟裡面的東西都非常值錢，我用兩百個金幣出售，你可以考慮一下要不要買。」說完，樵夫就走到門外，悠閒的抽起水煙，等待夥計慢慢考慮。

這時候，在櫃子裡悶到快窒息的當舖老闆對夥計高聲喊叫，要他趕快把錢付清，好放他出來，於是，樵夫就帶著兩百個金幣快樂地回家了。

這是一則日本的古老寓言，當舖老闆最後為自己的行為付出代價，並被另類的方法狠狠修理了一頓，對樵夫而言，則不僅報

復了戴綠帽的恥辱，還得到了一筆賠償金。

　　如果樵夫當下動怒，勢必會出現難堪的局面，甚至會發生毆鬥的可能，既然事情都已發生，何不轉個念頭，換個軌道去想，將傷害化到最小呢？

　　有句阿拉伯諺語這麼說：「越是面對對不起你的人，越是要寬大為懷。」

　　一味剛強處事，只會斷送自己的前途，因為有時將敵人逼到絕境，反撲的力量反而更大。

　　多用腦袋才不會讓自己受到傷害，適度的「寬容」可以保護自己，也可以掌握成就事業的契機。

以貌取人，吃虧就是自己

第一印象常常由外表開始。但是，相由心生，就算沒有出眾的外貌，只要整齊、乾淨，充滿笑容，就能給人舒服的感覺。

散文詩名家紀伯倫曾經說過一個寓言故事：

有一天美和醜在海邊相遇，便一起在海裡洗澡。它們各自脫下衣衫，在海裡盡情游泳，但是沒多久，醜就上岸，穿上美的衣服離開了。

等到美從海裡出來後，由於找不到自己的衣服，又不敢赤身裸體，不得已只好穿上了醜的衣服。

直到今天，許多人仍然常常分不清美醜的定義，尤其在愛情的路上。以外貌來評斷人事物，往往最不客觀，但卻是人們最容易犯的錯誤。

其實，一個高貴、勇敢、美麗的靈魂，要從內在來發覺，不是嗎？

從前，某位皇帝的皇宮有一座雄偉又美麗的花園，裡面有各式各樣的花、草、樹木，蜜蜂、蝴蝶和小鳥都喜歡到花園裡玩耍。

當人們經過花園外的圍牆時，常會被一陣悅耳又迷人的鳥兒歌聲所迷住，有人就寫了一篇文章讚美那隻唱歌的小鳥，並且稱

牠為「夜鶯」。

這事傳到皇帝的耳中，令他大感訝異，他從不曉得自己的花園裡住著這樣一隻神奇的鳥兒。於是，皇帝就命令一位侍衛，非要找到這隻夜鶯不可，否則就要砍掉他的腦袋。

接到命令後，侍衛在花園裡不斷地尋找，可是就是看不到夜鶯的身影，到了傍晚，他失望地停下腳步，坐在大石頭上休息。

這時，來了一個小姑娘，看到侍衛垂頭喪氣的模樣，就問他發生了什麼事，了解情況後，小姑娘微笑說：「我有辦法帶你找到夜鶯，不過要等到天黑之後。今天是月圓，夜鶯會在楊柳樹上唱歌。」

果然月亮出來後，侍衛在楊柳樹下看到了夜鶯，便懇求夜鶯跟他回宮去，否則自己的小命就不保了。

夜鶯答應侍衛的要求，跟著他一起進宮。

皇帝跟臣子們聽完夜鶯的歌聲後，都忍不住流下感動的淚水來。皇帝問夜鶯想要什麼獎賞，夜鶯回答他：「您的眼淚，就是我最好的獎賞。」

皇帝因為太喜歡那美妙的歌聲，深怕夜鶯會離開，便用十二條絲線綁在夜鶯的腳上，並要十二個僕人牽著線跟隨牠。

夜鶯雖然過著很好的生活，卻失去了自由。

有一天，外國使者送來一個盒子，裡面裝的是一隻用金子和寶石做成的夜鶯。使者告訴皇帝：「我國獻上的這隻金夜鶯，比那隻灰色的夜鶯漂亮多了，只要把它肚子下的螺絲旋緊，它就會唱歌給你聽。而且它會唱著同一首歌，不像夜鶯那麼沒規矩的亂唱。」

皇帝從此迷上了金夜鶯，忘了夜鶯，不久之後，夜鶯扯斷腳上的絲線，悄悄離開了皇宮。

日子一天天過去，宮裡傳來皇帝病重的消息。

有一天晚上，死神來到皇帝的床邊要將他帶走，皇帝害怕地大叫：「金夜鶯，趕快唱歌啊！」但是因為沒有人替它上發條，所以金夜鶯一動也不動。

這時候，寢宮裡突然傳來一陣清脆的歌聲，原來是夜鶯回來了，死神聽到歌聲後流下了眼淚：「我好久沒聽到這麼動人的歌聲了，謝謝你，小夜鶯。」說完就離開了。

灰黑不起眼的夜鶯，雖然沒有亮眼的外表，卻有自主的意識和天賦，牠的歌聲甚至能感動死神，可是和故事中的皇帝一樣，人們常被事物的外表迷惑，往往要等最後關頭才有所覺悟。

不可諱言，我們至今仍然生活在以貌取人的社會，第一印象常常由外表開始。但是，相由心生，就算沒有出眾的外貌，只要整齊、乾淨，充滿笑容，就能給人舒服的感覺。

相反的，即使外表再美麗，若是沒有內涵，又常苦著一張臉，久而久之，還是會讓人識破那只是個包裝過後的空殼子。

凡事不要以貌取人，否則吃虧的將會是自己。馬不用駿馬，只要會跑就行，不管是白貓、黑貓，能抓住老鼠的，就是能夠幫助自己解決問題的好貓！

相信自己，未來就在你手中

回歸到最原始、最純淨、自然的心靈領域，就能聽見內心最深處的聲音。只要我們願意，隨時都可以達到這樣的境界。

電影人人愛看，然而若是在心靈中放映的「電影」呢？你是否會感到疑惑、害怕，甚至想逃避，不敢面對？

有人說，夢境反應著現實生活，夢中的景色、情節、人物等等，都和日常的生活經驗息息相關，只要我們正視它，就能發現其中的相關與奧妙。

但夢境畢竟是虛幻的，因此許多人選擇一笑置之。可是，內心的聲音，潛意識中出現的直覺呢？

人往往相信看得見的具像事物，卻不願意聆聽心靈給予我們的訊息。

我們的直覺有些是來自於本身的知識判斷，但是因為我們對自己沒信心，而忽略了這個無窮的力量。殊不知，那些奇蹟都因為直覺加上信心，才能創造出前所未有的局面。

康拉薩・希爾頓曾是一名飯店經理，後來建立了聞名國際的希爾頓帝國。

他認為自己能擁有如此的成績，是因為相信直覺，相信自己

擁有靈活且敏感的預知能力。

　　就像某次，他打算買下一間芝加哥的老旅館來改裝經營，拍賣會決定由出價最高的人得標，投標的數字將在開標當天公布。

　　開標的前幾天，希爾頓設定了一個數目，十六萬五千美元。但就在投標的前一天晚上，他在睡夢中感到一陣心煩，似乎有什麼事不對勁，強烈的感覺到這次的投標會失敗。

　　再三考慮後，希爾頓決定再將價錢提升到十八萬美元。

　　開標後，希爾頓果然順利得標，而且比第二名投標者的十七萬九千八百美元只多出兩百美元。

　　大家都覺得希爾頓真是太幸運了，然而他本人卻認為，這全是因為聽從內心的聲音。

　　由於預感總是在關鍵時刻提醒了他，因此希爾頓相當重視心靈深處的探索。

　　從年輕之時，在德克薩斯州買下第一間旅館開始，他就不停地收集相關知識，雖然他並未仔細地研究、整理這些資料，但是，這些知識一直潛藏在他的腦海裡，並整合成一個巨大而且隱密的資料庫。

　　每一次的決定，希爾頓都會聽從大腦告訴他的指令，當他覺得哪裡有問題時，便會靜下心來，聽聽內心的聲音，這些聲音也從沒有辜負他的期待。

　　希爾頓的直覺並非僥倖的碰運氣，他曾花過一翻苦心收集相關資訊，大腦也會在適當的時候提供他意見，提醒他該注意的地方。這樣的能力人人都有，可是能充分運用的卻沒幾個。

　　每一個人都是不平凡的，不過大多數人卻不明瞭自己的能力，

庸庸碌碌過一輩子。根據統計，人的一生到臨終之前，只運用了百分之三至四的腦力，因為缺乏對遠景、對心靈的再開發，所以沒有傲人的成就。

現代許多熱門的禪修課程主張的就是回歸到最原始、最純淨、最自然的心靈領域，如此才能聽見內心最深處的聲音。只要我們願意，隨時都可以訓練自己達到這樣的境界，留意每一個來自心裡的感覺，面對它，重視它，更重要的是，要相信成功和信心是一體兩面。

別讓傳統成為前進的沉重包袱

 傳統不是枷鎖，是讓自己更進步的基石。不管
對傳統或者新知，都必須給予尊重，這些都是
經驗與知識的來源。

在二十一世紀的社會裡，科技的發展大大改變了人類原有的
生活型態，其中影響最大的就是大眾傳播媒體。雖然它帶給人們
更多獲得知識的機會，但是就另一面來說，它又像一種無形的催
眠，讓我們生活在被動而不自知的環境下，忘了用腦思考，只是
盲目接受。

再看到集幾千年智慧結晶而成的傳統。傳統之所以形成，必
定有它的道理，但是不一定適用於不斷改變的環境，因此在吸取
傳統經驗的同時，也要設法超越它，才能得到真正的智慧。

倘若只知緊抓著傳統的衣角，卻不了解傳統的內涵，還自以
為是地以短淺的認知來規範他人，不僅害人也害己。

一隻與人類共同生活多年的花貓，年歲大了之後身染重病，
已經回天乏術。牠知道自己快要離開人世，便命令身邊的小花貓
們趕快將女主人請來見最後一面。

女主人取消原訂的約會，匆匆忙忙趕了過來，手上捧著一束
花，神情哀戚地走到老花貓的病榻旁。

「親愛的主人，我再也無法陪伴在妳身旁了……」老花貓勉強地開口。

原本想伸出手撫摸老花貓的女主人，一看到床邊掛著的病歷表，以及上面列出的一行行病狀時，手便又縮了回去，只說了一句：「你安心休養吧！我已經向菩薩祈求讓你早日康復。」

「不行！來不及了！」老花貓用盡全身的力氣說著：「我已經快要死了，趁著還有一口氣在，我有一個小小的心願，希望妳能看在我忠心耿耿陪伴妳多年的份上，無論如何都要答應我的請求。」

「說吧！我的小寶貝。只要我做得到的，我一定盡力去做。」女主人看到老花貓的情況，忍不住哭了起來。

「那麼……當我離開這個世界之後，請妳不要把我的身體掛在樹枝上。」

「原來是這件事啊！這個簡單，我不但會照做，而且還會為你訂製一個小棺材，再請裁縫為你縫一套壽衣，讓你安安心心地離開。」

老花貓聽完，就帶著微笑離開了。

然而，就在當天下午，老花貓的屍體竟然被懸掛在附近草叢中一棵檜木的樹枝上，旁邊還坐著主人養的那隻以善盡職責出名的老黃狗。

小花貓們看到老花貓的屍體被掛在樹上，紛紛表示抗議，責怪主人不守承諾。牠們群聚在樹旁，準備將屍體解下來，這時候老黃狗突然露出尖牙，惡狠狠地將小花貓趕離樹旁，並且擺出備戰姿態說：「老花貓的屍體一定得掛在這裡，這是幾千年來的老傳統，不遵守不行。」

「傳統？」小花貓們懂的不多，擔心觸碰禁忌，於是緩和了

態度。

「我就是傳統，而且是傳統的象徵和代表。」老黃狗得意地大笑。小花貓們聽完，只能不滿地離開了。

古羅馬思想家塞涅卡曾經諷刺地說：「堅持傳統有什麼用呢？這是老婦人，甚至是無知老婦人的哲學。」

老黃狗真的了解什麼是傳統嗎？或許花貓們不了解傳統，只是懾於牠的威力而無力反抗，但這並不代表牠們願意接受這樣的規範。反而是可悲的老黃狗，口口聲聲都是傳統，卻不了解為什麼要這麼做。

如果牠知道哪天自己也必須遵照傳統，隨波逐流「放水」而去，就不會得意地坐在那裡了。

傳統不是枷鎖，而是讓自己更進步的基石。不管對傳統或者新知，都必須給予尊重，這些都是經驗與知識的來源。不管待人或者處世，都必須提醒自己寬容以待，生命才會更加圓融。

不發揮天賦，便是對自己的辜負

 任何一個有天賦的人，如果不能發揮自己的特長，不管擁有多好的能力，都只能留在原地踏步。

春風得意時，旁人恭維的話必定少不了，難免會讓人產生得意滿足的心理，日子過久了，就以為可以高枕無憂而鬆懈了兢兢業業的精神，甚至因為過於自滿而得意忘形。

這時候，只要隨便一個打擊，都很有可能讓人慘敗收場。因為，忘卻了最初的堅持與努力，習於安樂之中，很容易讓一個人喪失鬥志。

勝不驕，敗不餒，別因一帆風順而放鬆了綁住帆布的線，否則大浪打來，隨時都要面臨翻船的危機。至於身處逆境也不必萬念俱灰，要知道條條大路通羅馬，只要懂得發揮天賦，人生的道路就不止那麼一條。

在一間理髮店裡，有一把非常漂亮的剃刀，光滑銳利的刀刃、雕刻花紋的木柄，顯得十分出色。

客人們都喜歡讓這把剃刀服務，不管是頭髮或鬍鬚，只要三兩下，就可以刮得清潔溜溜，舒服得像一雙巧手在臉上按摩。

有一天，主人出門辦事，剃刀突然興起一股念頭：自己工作

那麼久了，每天望著玻璃窗外的街道，卻從來沒有到外面的世界冒險，一定得出去闖蕩一番。

因此，剃刀將自己鋒利的刀刃抽出刀框，抬頭挺胸，昂首闊步地走出理髮店。才到了門口，燦爛的太陽光射來，照得刀刃閃閃發光，亮光折射到牆上，形成一幅動人的畫面，剃刀看得有些癡迷了。

「我是如此的光彩迷人，難道一輩子就只能待在那間小小的理髮店？」剃刀大聲地告訴自己：「不，我絕對不回去！我受夠了整天埋在一堆泡沫中，為粗魯的傢伙刮著滿臉骯髒的鬍鬚和一頭雜亂的頭髮。像我這樣高貴的剃刀，怎麼可以繼續做那些粗俗的事呢？」

於是，剃刀找了一個偏僻的地方，將自己藏起來。

幾個月過後，進入了陰雨綿綿潮溼的秋天，躲起來的剃刀開始感到寂寞了，最後決定從隱居的地方出來透透氣。

當它站起身子，離開陰暗的角落時，突然大叫一聲：「哎呀！不得了了！」

原來剃刀的刀刃變鈍了，而且還長滿紅色的鐵銹，連漂亮的刀柄都被蛀蟲給咬出一個一個的洞，太陽再也無法在刀刃上映出光芒了。

剃刀跌坐在地上，難過地放聲大哭：「為什麼我那麼愛慕虛榮呢？我的主人是如此珍惜我啊！他那麼肯定我的工作能力，每天把我照顧得好好的，但是，看看現在的我成了什麼樣子啊！」

詩人歌德曾說：「即使是最偉大的天才，如果他把一切都歸功於自身，那麼他將無法再前進一步。」

　　任何一個有天賦的人，如果不能發揮自己的特長，不管擁有
多好的能力，都只能留在原地踏步。

　　自滿的剃刀沾沾自喜於自己的才能，不再往前求進步，最後
只能長出斑斑鐵銹，能力也枯竭了。

　　有時候，平淡也是一種絢爛的表現，不因高人一等而洋洋得
意，反而能展現出成熟之美。每一個人都是塊美玉，唯有保持柔
軟的心態，經過多次的磨製，才能散發出光彩來。

生活講義

135-1

別為小事折磨自己全集：改變心態篇

作　　者	王　渡
社　　長	陳維都
藝術總監	黃聖文
編輯總監	王郡凌
出 版 者	普天出版家族有限公司
	新北市汐止區忠二街 6 巷 15 號
	TEL / (02) 26435033 (代表號)
	FAX / (02) 26486465
	E-mail：asia.books@msa.hinet.net
	http://www.popu.com.tw/
	郵政劃撥 19091443 陳維都帳戶
總 經 銷	旭昇圖書有限公司
	新北市中和區中山路二段 352 號 2F
	TEL / (02) 22451480 (代表號)
	FAX / (02) 22451479
	E-mail：s1686688@ms31.hinet.net
法律顧問	西華律師事務所‧黃憲男律師
電腦排版	巨新電腦排版有限公司
印製裝訂	久裕印刷事業有限公司
出 版 日	2023 年 11 月第 2 版第 1 刷

ISBN◎978-986-389-888-7　　　條碼 9789863898887

Copyright◎2023

Printed in Taiwan, 2023 All Rights Reserved

國家圖書館出版品預行編目資料

別為小事折磨自己全集：改變心態篇／
王渡編著. —第 2 版. —：新北市，普天出版
2023.11 面；公分. - (生活講義；135-1)
ISBN◎978-986-389-888-7 (平裝)
CIP◎177.2

普天之下・盡是好書
普天 出版社
Popular Press